Philip Zurbuchen
Von Gott berufen

Philip Zurbuchen

Von Gott berufen

Seinen Willen für
mein Leben erkennen

Philip Zurbuchen ist gebürtiger Schweizer und hat Physik studiert. Durch eine persönliche Hinwendung zu Christus zu Beginn seines Studiums wuchs sein Interesse an Seelsorge und Theologie. Nach drei Jahren Mitarbeit in einem christlichen Seelsorgewerk strebt er derzeit einen Quereinstieg in den Lehrerberuf an und absolviert das biblische Seelsorgeprogramm Coram Deo. Er wohnt mit seiner Frau Tirza und zwei Kindern in Hessen.

Für Bibelzitate werden in der Regel die Elberfelder oder die Schlachter-Übersetzung verwendet. Weitere Übersetzungen sind die Neue evangelistische Übertragung (NeÜ) und die Lutherbibel (Lut).

1. Auflage 2020

© Philip Zurbuchen, 2020
Herausgeber: Betanien Verlag
Imkerweg 38 · 32832 Augustdorf
www.betanien.de · info@betanien.de
Cover: Sara Pieper
Satz: Betanien Verlag
Druck: Druckhaus Nord, Neustadt a. d. Aisch

ISBN 978-3-945716-57-1

Inhalt

Einleitung 7

1 Berufen, heilig zu sein 13
2 Die Facetten biblischer Berufung 25
3 Wo beginnen? 43
4 Christusähnlich leiden 53
5 Begabung und Geistesgaben 65
6 Weise werden – und erleben, wie Gott führt 77
7 Entscheidungen treffen – unter Gottes Führung 109
8 Berufung und das Evangelium 137
9 Berufung aus Glauben leben 161

Anhang: Tiefer eintauchen – Berufung und Erwählung 173

Einleitung

Ein seltsames Erlebnis

Ein großer Saal, gefüllt mit jungen Menschen. Alle schauen nach vorne zur Band. Der Anbetungsteil ist schon fast vorbei, als ich mich durch die Menge bewege. Dabei versuche ich möglichst die enthusiastischen Teens nicht zu stören. Schließlich erblicke ich eine kleine Gruppe von Leuten, die ich kenne. Als ich mir vorsichtig meinen Weg bahne, um mich zu ihnen zu gesellen, spüre ich eine Hand auf meinen Schultern. Ich drehe mich um, und vor mir steht ein völlig fremder Mann. Dieser schaut mir freundlich, aber ernst in die Augen: »Gott hat etwas Unglaubliches mit deinem Leben vor …« beginnt er. Er habe von Gott eine Eingebung für mein Leben erhalten, erklärt er. Das klingt schon mal gut, denke ich. Er fährt fort: »Du wirst eine große Rolle spielen in Gottes Plänen für die Christenheit …«. Spätestens jetzt beginne ich aufmerksam zuzuhören. Sollte das endlich meine persönliche Berufung von Gott sein?

In dieser Situation, die mittlerweile einige Jahre zurückliegt, fühlte ich mich zunächst geschmeichelt. Dann wurde ich etwas skeptisch. Tatsächlich bin ich heute noch skeptisch. Damals bedankte ich mich bei dem Bruder mit der eindrücklichen Ausstrahlung und ließ ihn noch für mich beten. Meine Gedanken gingen etwa in folgende Richtung: »Naja, leider habe ich Mühe zu glauben, dass Gott tatsächlich gerade durch diesen Mann geredet hat. Schade. Sonst wäre das ja schon eine ziemlich coole Sache!«

Mit der Berufung von Gott scheint es so zu sein: Der eine jagt ständig irgendwelchen Offenbarungen und Visionen nach, für den anderen sind Wörter wie ›Berufung‹ oder ›Geistesführung‹

fast schon Fremdwörter. Ich gehörte zu der zweiten Gruppe. In meinem Umfeld kam das Wort ›Berufung‹ selten zur Sprache. Die Richtung, in die mein Leben verlief, wurde eher von Schule und Studium, Freunden und Ideen beeinflusst als von einem bewussten Ausleben von Gottes Willen im Alltag.

Ich war in dieser Sache nicht allein. Das Gleiche beobachte ich auch bei vielen anderen jungen Christen um mich herum. Einige leben so, als wäre die Frage »Was ist Gottes Wille für mein Leben?« gar nicht so entscheidend. Für andere wiederum ist sie wichtig. Aber sie können sie nicht beantworten. Ich habe Menschen kennengelernt, die an den einfachsten, tagtäglichen Entscheidungen beinahe zerbrechen. Wie gelähmt stehen sie dann vor den wirklich wichtigen Weichenstellungen in ihrem Leben.

Werde ich je Gottes Berufung erleben?

Vielleicht wurdest du einmal beeindruckt von einem Vollzeitmissionar, der erzählte, wie deutlich ihn Gott in seinen Dienst geführt hatte, und hast dich gefragt: Wozu hat Gott mich eigentlich berufen? Oder du liest von einem John Wesley, einer Patricia St. John oder einem Martin Luther; von Menschen, die vom Herrn Jesus ganz besonders gebraucht wurden und offensichtlich seine Führung erlebt haben. Aber du fragst dich: Wie erkenne ich denn Gottes Willen für meine Zukunft? Wird Gott mich auch so deutlich berufen?

Vielleicht wünschst du dir so ein Erlebnis wie bei dem Jugendevent, das ich am Anfang geschildert habe. Vielleicht warst du auch schon in ähnlichen Situationen, wurdest aber doch nur enttäuscht (z. B. durch großartige Versprechen und Zusprüche, die aber nie in Erfüllung gingen).

Da bleibt für viele die anhaltende Frage: Werde ich Gottes Berufung erleben? Und wie höre ich seinen Ruf, wenn er es tut? Wie werde ich diesen entscheidenden Moment erkennen? Und – ganz dumm gefragt – was mache ich in der Zwischenzeit?

Einleitung

In diesem Buch will ich versuchen, das Thema »Berufung« von der Bibel her anzugehen. Ähnlich wie Astrophysiker, die die Sterne einzig und allein durch ihr ausgestrahltes Licht studieren können, müssen wir nach Gottes Willen dort suchen, wo er sich offenbart: im heiligen Wort Gottes.

Selbstverwirklichung oder Selbstverleugnung?

Die eigene Berufung in der Bibel zu entdecken ist atemberaubend für den, der glaubt. Aber es braucht auch Mut. Jesus stellt nämlich viele aktuelle Meinungen zum Thema Berufung auf den Prüfstand.

Wozu beruft er seine Jünger? Zu einem dreijährigen Intensivstudium (Matthäus 13,10-23) als Obdachlose (Matthäus 8,20) bis hin zu dem heftigen Trauma seiner Gefangennahme in einem Garten vor Jerusalem (Markus 14,43-52). Er mutet ihnen die größte Enttäuschung zu, die sie je erleben würden (sodass sie ihn alle verließen oder verrieten (Markus 14,66-72), um sie dann durch seine Auferstehung völlig zu schockieren (Markus 16,8). Er sendet sie als Schafe mitten unter Wölfe, damit sie den Menschen verkündigen, dass sie von ihren Sünden umkehren sollen – was später dazu führen wird, dass sie in den Synagogen geschlagen und vor Gericht gezerrt werden (Matthäus 10,16; Markus 6,7.12; 13,9).

Aber wie funktioniert Berufung heute, im 21. Jahrhundert, in den westlichen »christlichen« Ländern? Worum drehen sich deine Überlegungen, wenn du über Berufung nachdenkst?

»Wow, der ist aber aktiv in der Gemeinde, alle mögen ihn und er hat Gaben ohne Ende!« oder »Hm …, ein Missionseinsatz in Afrika – unter Waisenkindern! Das muss noch in meinen Lebenslauf!« Es gibt viele Idealbilder, wie Christen sein müssen, wenn sie ihre Berufung leben wollen. Aber ob sich diese wirklich mit dem Leben von Jesus und seinen Jüngern decken?

Tauche mit mir ein in Gottes Gedanken dazu! Du wirst sehen, dass echte Berufung – Gott sei Dank – viel tiefer geht als so manche dieser Vorstellungen. Aber ich bete besonders dafür, dass du auf diesen Seiten auch merkst, dass sich diese Berufung gar nicht so sehr um unseren Erfolg, unsere Gaben oder unsere Verwirklichung dreht.

Jesus sagte einmal zu seinen Jüngern:

»Wenn jemand mir nachkommen will, verleugne er sich selbst und nehme sein Kreuz auf und folge mir nach! Denn wer sein Leben retten will, wird es verlieren; wer aber sein Leben verliert um meinetwillen, wird es finden.« (Matthäus 16,24-25)

Genauso stellen auch Jesu Apostel (Paulus, Petrus …) so manches heutige Verständnis von Berufung auf den Prüfstand.

Berufung ist keine Selbstverwirklichung. Wer seiner wahren Berufung folgt, verleugnet sich selbst. Zumindest anfangs schmeckt uns Gottes Wille oft nicht. Um Gottes Willen zu tun müssen wir oft unsere eigenen Sehnsüchte verleugnen. Selbstverleugnung bedeutet, dass es beim ganzen Thema Berufung nicht um mich geht.

Gottes Einladung, seine Berufung zu leben, ist auch gleichzeitig ein Befehl, dem wir Folge zu leisten haben. Es geht hier um Gott, den Allmächtigen, dem ich Gehorsam schulde! Und wenn wir Berufung zu sehr auf uns beziehen, dann werden wir Mühe haben, dieses Thema in der Bibel überhaupt zu verstehen und Gottes Berufung auch anzunehmen.

Wie bitte? Es geht nicht vorrangig darum, dass ich mich entfalte; dass ich lerne, mein wahres Potential zu finden? Nein. Aber lass dich nicht davon entmutigen: Gott beruft dich und mich dazu, ein radikal anderes Leben zu leben als unsere Welt es kennt; einem Weg zu folgen, der uns in vielen Bereichen mit den Vorstellungen der Menschen auf Kollisionskurs bringen wird; einem Ruf zu antworten, der zwar unserem Drang nach Selbstverwirklichung Einhalt gebietet aber unsere Herzen aufflammen lässt, sich diesem Gott hinzugeben, der sich selbst in den Berufenen verwirklicht.

Bitte versteh mich nicht falsch. Wir dürfen (und sollen) Großes von Gott für unser Leben erwarten und Großes für ihn tun, ganz klar. Aber letztlich sind wir nur ein Stein im großen Mosaik Gottes. Auch beim Thema unserer Berufung ist es letztlich Gott, dem zu Recht alle Ehre zukommt (siehe Römer 1,5; 9,20-23; 11,36).

Es geht hier um so viel mehr als ›Du‹ oder ›ich‹ – und doch können ›Du‹ und ›ich‹ eine Rolle in Gottes großen Plänen spielen.

Aber wie? Und wie merkst du, wenn Gott dich für eine spezielle Aufgabe beruft, die seinem Willen entspricht? Und was gilt ganz sicher für dich? – Lasst uns gerade da beginnen: Was gilt ganz sicher? Was ist fundamental, wenn ich Gottes Berufung verstehen will? Was sind die Basics, das 1x1, das ABC von Gottes Willen für seine Kinder?

1 Berufen, heilig zu sein

[Gott hat] uns gerettet und mit einem heiligen Ruf berufen.
(2. Timotheus 1,9)

Seid heilig, denn ich bin heilig!
(1. Petrus 1,16)

Stell dir vor, du hättest vor lauter Arbeit keine Zeit, deine Wohnung sauber zu halten. Du entschließt dich, jemanden dafür einzustellen. So kommt es, dass du diese Person (nennen wir sie Lina) regelmäßig auf dem Flur vor deiner Wohnung triffst. Sie hat gerade deine Wohnung geputzt und du kommst von der Arbeit heim. Ihr führt ein bisschen Smalltalk … Dabei erzählt Lina dir, was sie alles in deiner Wohnung hergerichtet hat: Zum Beispiel passten die Vorhänge nicht so gut zur Tapete, also hat sie sie kurzerhand ausgetauscht. Oder sie erzählt dir, wie sie deinen Haustieren einige Kunststücke beigebracht hat: Deine Wüstenrennmäuse können jetzt auf Anweisung eine Tanz-Choreo vorführen. Alles schön und gut (außer wenn dir die alten Vorhänge eigentlich besser gefallen haben). Aber stell dir vor, die Wohnung wäre jeweils danach nicht wirklich sauber! Die Krümel vor dem Kühlschrank liegen immer noch da, die Zahnpasta-Flecken am Badezimmerspiegel starren dich morgens immer noch an. Du würdest dich doch über kurz oder lang beschweren müssen. Lina hat vieles getan, nur ihren eigentlichen Auftrag hat sie nicht erledigt. Dafür hat sie lauter Ersatzaufgaben erfunden und ausgeführt.

So ähnlich ist es bei uns, wenn wir ständig nach »Gottes Plan für uns« fragen, ohne heilig leben zu wollen.

Schön, dass du dieses Kapitel nicht einfach überspringst, um »dringendere« Kapitel zu befragen. Es ist nämlich das Wichtigste. Ohne dieses Kapitel sind alle anderen völlig sinnlos. Wenn ich nicht verstanden habe, dass Gott mich *vor allem anderen* zu einem *heiligen Leben* beruft, dann bin ich wie ein Kind, das die gesamte Schulzeit überspringt und sich – ohne das kleine Einmaleins zu beherrschen – direkt in ein Mathematikstudium stürzen will.

Bitte lass dir deshalb bei diesem Kapitel genug Zeit. Denke darüber nach. Schlage die Bibelstellen nach. Rede darüber mit einem guten Freund oder einer guten Freundin. Und vor allem: Rede mit Gott darüber …

Gerettet, um Berufung zu leben

Du musst *gerettet sein*, damit du *berufen werden* kannst.[1] Ohne eine Wiedergeburt wirst du nie Gottes Berufung leben können. Nur wer aus Gott geboren ist, kann Jesu Stimme hören und seinem Ruf folgen.

Gott hat *»uns gerettet* und mit einem heiligen Ruf berufen«, sagt Paulus in 2. Timotheus 1,9. Kinder Gottes wissen, dass sie gerettet werden mussten, bevor sie Gottes Berufung leben konnten.

---

[1] Genauer gesagt: Berufung ist Teil unserer Rettung. Gottes Ruf ist ein rettender Ruf. Genauso wie die Berufung ist die Wiedergeburt Teil von Gottes Rettung. (Mit dem Thema Rettung und Berufung werden wir uns in Kapitel 8–9 und im Anhang ausführlicher beschäftigen.) Man könnte auch sagen, dass Berufung ein Teil unseres Rettungsprozesses ist. Die Bibel beschreibt Rettung einerseits als das, was bei der Bekehrung geschieht, aber auch als Gottes fortlaufendes Eingreifen und Erhalten im Ausleben der Berufung des Christen, und schließlich die Rettung in die himmlische Herrlichkeit hinein bei der Wiederkunft Christi (vgl. 1. Petrus 1,6-9). Christen sind also »schon jetzt« gerettet, aber auch in gewissem Sinn »noch nicht« gerettet. Ein Teil ihrer Errettung ist noch zukünftig. Berufung ist sozusagen die Auswirkung von Gottes Rettung im »Hier und Jetzt«. Für eine sehr eindrückliche Beschreibung dieses »Schon jetzt, aber noch nicht«-Heilszustandes im Neuen Testament verweise ich auf: Thomas R. Schreiner, Ardel B. Caneday: *Mit Ausharren laufen: Gibt es Heilsgewissheit ohne Heiligung?*, Betanien Verlag 2009.

Berufen, heilig zu sein

Jesus wurde einmal von den religiösen Juden gefragt: »Was sollen wir tun, damit wir die Werke Gottes wirken?« (Johannes 6,28). Mit anderen Worten: Was sollen wir tun, damit wir das tun, was Gott gefällt? Wie können wir Gottes Berufung leben? – Jesu Antwort war souverän: »Das ist *das Werk Gottes*, dass ihr *an den glaubt, den er gesandt hat*« (Vers 29). Gott muss uns zuerst retten (durch den Glauben an seinen gesandten Sohn), damit wir tun können, was Gott gefällt.

Wir können uns schnell einbilden, dass wir Dinge »für Gott« tun (ähnlich wie die religiösen Juden damals). In einem christlichen Elternhaus aufgewachsen, hatte ich schon viele Dinge »für Gott getan«. In der Schule eiferte ich sogar gegen Evolution und unterrichtete andere in unserer Bibelgruppe. Aber erst am Ende meiner Zeit als Teenie habe ich angefangen, das Evangelium wirklich zu verstehen. Ich kehrte um von meinen Sünden, akzeptierte Jesu Christi Herrschaft über mein Leben und nahm ihn als meinen kostbarsten Schatz auf. Diesen Prozess nennt die Bibel »Wiedergeburt«. Erst mit einer Wiedergeburt kam wirkliche Veränderung in mein Leben. Jesus fing an, an meinem Charakter zu arbeiten. Vorher konnte ich damit leben, dass ich beim Erzählen oft einfach ein bisschen übertrieb. Oder dass ich in meiner Freizeit Dinge konsumierte, die Gott hasst. Das war mir vorher gar nicht so bewusst. Mein Leben so leben, wie ich will, und nebenbei »Dinge für Gott tun«? Nein! Damit wollte ich aufhören. Ich wollte anfangen, mein ganzes Leben als Berufung Gottes zu sehen.

Wer aus Gott geboren ist, der hat auch die Vollmacht (oder wörtlich »das Recht«), Gottes Sohn oder Tochter zu werden (siehe Johannes 1,12-13). Das heißt so viel wie »charakterlich Gott immer ähnlicher zu werden«:

»... so viele ihn aber aufnahmen, denen gab er die Vollmacht, Kinder Gottes zu werden, denen, die an seinen Namen glauben; die [...] aus Gott geboren sind.«

Im Palästina des 1. Jahrhunderts übte ein Sohn im Normalfall den Beruf seines Vaters aus. Sein Vater vererbte ihm nicht nur sein Aussehen und seinen Charakter, sondern auch seine berufliche Tätigkeit bzw. seine Arbeit. Dieses Prinzip greift auch für uns, wenn wir wiedergeboren sind. Jesus sagte einmal, dass Friedensstifter glücklich sind, weil man sie als »Söhne Gottes« erkennen wird (wörtlich: »heißen« vgl. Matthäus 5,9). Im damaligen jüdischen Verständnis hieß das Folgendes: Diese Menschen sind in ihrer Tätigkeit als Friedensstifter Gott ähnlich, denn Gott ist *der* Friedensstifter. Die Bibel sagt deswegen auch, dass Gläubige »zum Frieden berufen sind« (1. Korinther 7,15). Was für diesen Bereich (Friedenstiften) gilt, gilt auch für jede andere moralische Eigenschaft Gottes.[2]

Die Bergpredigt von Jesus könnte man mit folgendem Satz zusammenfassen: »Ahmt Gottes Charakter nach, und zwar in jedem Bereich eures Lebens« (nachzulesen in Matthäus 5 bis 7). Gott spricht: »Seid heilig, denn ich bin heilig« (1. Petrus 1,16; 3. Mose 20,26; vgl. Matthäus 5,48). Gott ist heilig, und er beruft uns deshalb, »in unserem ganzen Wandel« heilig zu sein (1. Petrus 1,15). Unsere Berufung ist daher eine »heilige Berufung« (2. Timotheus 1,9; vgl. Römer 1,7). Was ist also Gottes Wille für mein Leben? Sein Wille ist, dass mein Leben heilig ist. Gott will nicht meine Aufgaben, meine Dienste, meinen Einsatz. Er möchte *mich selbst* verändern.

Stell dir vor, ich würde dich besuchen. Du hältst mir die Tür auf, um mich herein zu lassen. Sofort fange ich an, dir zu erzählen, dass ich eben von einem 40 Tonnen schweren Lastwagen mit 80 km/h angefahren wurde! Dann sagst du doch sicher (mit kri-

---

2 Wir sollen Gottes moralische Eigenschaften (d. h. seine Liebe, Barmherzigkeit, Geduld etc.) nachahmen, aber es gibt Eigenschaften Gottes, die wir nie nachahmen können und uns nie anmaßen sollten (z. B. seine Allgegenwart, Allmacht, Allwissenheit, Souveränität, Transzendenz etc.)! In Bezug auf Letzteres ist nur Jesus der Sohn Gottes, weil er *alles* tut, was der Vater auch tut (Johannes 5,19-29). Er ist deshalb völlig »Gott gleich« (Johannes 5,18). Die zuerst erwähnten Eigenschaften Gottes werden deswegen auch »mitteilbare« Eigenschaften Gottes genannt (z. B. seine Liebe). Sie werden auf Gottes Kinder »übertragen«, oder »mitgeteilt«, während seine »nicht-mitteilbaren« Eigenschaften (z. B. seine Souveränität) nur Gott selbst vorbehalten sind.

tischem Unterton): »Wie kann das denn sein? Wer eine Kollision mit einem 40-Tonner hat, der kann danach nicht einfach so weitermachen – als wäre nichts geschehen!« – Aber ich könnte dich jetzt fragen: »Wer ist denn größer? Ein Lastwagen oder Gott?« Eine Wiedergeburt zu erleben heißt, eine verändernde Begegnung mit dem lebendigen Gott zu haben. Wie kann es sein, dass du eine Begegnung mit ihm hattest, wenn du danach einfach so weitermachst – als wäre nichts geschehen?[3]

Wenn wir eine Begegnung mit Gott haben und er uns beruft, beginnt er auch, »in uns zu schaffen, was ihm gefällt, durch Jesus Christus« (Hebräer 13,21). Wir bekommen von ihm die Vollmacht, seine Söhne und Töchter zu werden (vgl. Johannes 1,12).

Wir beginnen das zu lieben, was Gott liebt, und das zu hassen, was Gott hasst. Wir beginnen, das zu tun, was Gott will, und das zu lassen, was ihm missfällt. Wir beginnen – in einem lebenslangen Prozess –, heilig zu werden, weil er heilig ist.[4]

Nicht nur gute Werke

Das Wort »heilig« hat für uns Christen aber nicht nur den Aspekt, dass wir gerecht leben sollen. Der Kontext des Zitats aus dem Alten Testament lehrt auch den Aspekt, dass wir als Volk Gottes »abgesondert« oder »andersartig« sein sollen (3. Mose 20,26b). Aber was heißt es, »anders« zu sein? Zumal es Menschen gibt, die nicht an Jesus glauben und trotzdem erstreben, ein gerechtes Leben zu führen!

Als Petrus erklärt, was er mit »seid heilig« (1Petr 1,16) meint, scheint ihm Folgendes sehr wichtig zu sein: »Setzt eure Hoffnung

---

[3] Frei übertragen nach einer Predigt von Paul Washer über Matthäus 7,13-27. Das Prinzip hinter der Geschichte wird tatsächlich in vielen Abschnitten der Bibel gelehrt (z. B. 2. Korinther 5,17; Galater 5,22-23; Jakobus 2,14-26).

[4] Aber wie wirkt sich unsere lebenslange Heiligung auf unsere Errettung aus? Und welchen Zusammenhang hat Heiligung mit Rechtfertigung und Glauben? Siehe hierzu: John Charles Ryle: *Seid heilig! Der Schlüssel zum erfüllten Leben*. Friedberg, 3L-Verlag 2005.

ganz auf die Gnade, die euch dargeboten wird in der Offenbarung Jesu Christi (wenn Jesus wiederkommt)« (V. 13). Wir sollen also merkbar anders sein als unsere Mitmenschen (vgl. 2,11-12). Man sollte an der Art und Weise, wie wir leben, sehen, dass wir *alles* auf Gottes Versprechen in Bezug auf die Zukunft setzen und dass wir auf seine Gnade hoffen.[5] Die Berufung, »heilig« zu sein, besteht deshalb vor allem darin, dass wir ein Leben führen, das *von Glauben an Gottes Versprechen geprägt* ist (siehe Hebräer 11,6; Römer 14,23b).

Ein auffälliges Beispiel dafür sind die Christen im 1. Jahrhundert, an die der Hebräerbrief geschrieben wurde. Ihnen wurde offensichtlich wegen ihres Glaubens an Jesus ihr Besitz geraubt (siehe Hebräer 10,34). Und was machten sie? Sie *freuten* sich in dieser schlimmen Situation! Warum freuten sie sich? Weil sie auf Gottes Versprechen hofften und zuversichtlich waren, dass sie dafür eine große Belohnung bekommen werden! (Verse 34-35). Für Nichtchristen war ihr Benehmen seltsam. Dieses seltsame Benehmen meint Gott, wenn er uns auffordert: »Seid heilig!«

So sind wir berufen, als Außenseiter zu leiden (1. Petrus 2,21-24; 4,1-4), aber dennoch Menschen voller Hoffnung zu sein (Epheser 1,18; 4,1; Philipper 3,14). Nachdem wir eine kurze Zeit gelitten haben, sind wir zur Herrlichkeit in Jesus Christus berufen (1. Petrus 5,10). Auf diese Weise ahmen wir Jesus nach und sind Teilhaber seiner himmlischen Berufung.[6] Unglaublich, oder?

---

5 Das beinhaltet sowohl die *tagtägliche* Gnade Gottes (z. B. Philipper 4,19; Römer 8,28.31-39; Epheser 1,19) als auch die *zukünftige* Gnade zur Aufnahme in Gottes Herrlichkeit (z. B. Römer 8,18; 1. Petrus 1,13). Beide werden uns durch Gottes *vergangene* Gnade garantiert. Seine vergangene Gnade wurde einerseits am Kreuz (Römer 5,8-9; 8,32) und andererseits vor Grundlegung der Welt (z. B. Epheser 1,4; Römer 8,29-30) an uns gezeigt.

6 Siehe Hebräer 3,1; 12,1-2. Jesus wird zwar im NT nie direkt als von Gott berufen bezeichnet, aber wir sehen in der Bibel viele Hinweise, dass er in seinem Dienst als Mensch einer Berufung seines Vaters gefolgt ist. Das AT bezeichnet den Messias als von Gott berufen (Jesaja 42,6; Hosea 11,1; Matthäus 2,15.20 – siehe Fußnote 117). Der Ausdruck »Teilhaber der himmlischen Berufung« bezieht sich auf die Lebensaufgabe Jesu (siehe Hebräer 2,9 – 3,2), während u. A. Markus 1,9-12 Jesu Berufung und Befähigung zum Dienst be-

Berufen, heilig zu sein

Das ist unsere Berufung. Alle weiteren Gedanken über Berufung dürfen wir nur als Fußnote dieser großen Berufung Gottes sehen. Sie lautet so: »Gestaltet euren *Alltag* nach *meinen Geboten* und richtet euer Leben so aus, dass ihr in dieser Welt lebt, arbeitet, für die Wahrheit einsteht, leidet, einander liebt, eine fröhliche Hoffnung in euch habt, genauso wie mein Sohn es tat. All dies soll durch *Glauben an meine vielen Versprechen* motiviert sein.«

So sagt Paulus z. B., dass Gott nur selten einen Menschen für eine bestimmte, großartige, auf ihn allein zugeschnittene Aufgabe beruft (vergleiche z. B. Römer 1,6 mit Römer 1,1).[7] Auch für Paulus sind wir *zuallererst zu einem heiligen Wandel berufen* worden, welchen wir aus Glauben leben sollen (siehe Römer 1,16-17).

Somit beginnt Gottes Berufung für einen Christen nicht erst dort, wo er bis ans Ende der Welt reist oder irgendwann Organisationen und Vereine zu guten Zwecken gründet. Nein, Berufung beginnt im Hier und Jetzt. In deiner Rolle als Vater. In deiner Rolle als Mutter. Im Kindsein und im Erwachsenwerden. In der Schule, im Beruf, im Alltäglichen oder wo auch immer.[8]

Berufen in eine Beziehung

Paulus schreibt an die Korinther: »Gott ist treu, durch den ihr berufen worden seid in die Gemeinschaft seines Sohnes Jesus Christus, unseres Herrn« (1. Korinther 1,9).

---

schreibt. Unsere Berufung entspricht zwar nicht in jeder Hinsicht, aber in vielem, seiner Berufung. Jesus sagte zu seinen Jüngern: »Wie der Vater mich ausgesandt hat, sende ich auch euch« (Johannes 20,21).

7 Denselben Vergleich zwischen der speziellen Berufung von Paulus und der allgemeinen Berufung des Christen können wir auch im 1. Korintherbrief machen, siehe 1. Korinther 1,2.24 und 1. Korinther 1,1.

8 »Der kluge Mensch hat die Weisheit stets vor Augen, doch die Augen eines Narren wandern bis an das Ende der Erde« (Sprüche 17,24). Der weise Mensch wird sich auf das Hier und Jetzt fokussieren. Der Narr aber träumt von großen Dingen auf fernen Kontinenten und sieht das nicht, was so naheliegend ist und gerade dran wäre.

Die Berufung, heilig zu sein, ist nicht nur unsere höchste Pflicht. Sie ist auch unsere Freude und Erfüllung. Die Berufung, »heilig zu sein, wie Gott heilig ist«, ist für den Christen nämlich auch gleichzeitig die freudige Pflicht, Gott zu *genießen*.[9]

»Vertraue auf den HERRN und tue Gutes; wohne im Land und hüte Treue; und *habe deine Lust am HERRN*, so wird er dir geben, was dein Herz begehrt« (Psalm 37,3-4, meine Hervorhebung).

Die Psalmisten beschrieben ihre Sehnsucht nach Gott folgendermaßen:

»Wie eine Hirschkuh lechzt nach Wasserbächen,
so lechzt meine Seele nach dir, Gott!
Meine Seele dürstet nach Gott, nach dem lebendigen Gott:
Wann werde ich kommen
und erscheinen vor Gottes Angesicht?« (Psalm 42,2-3)

Sie ermutigen uns, mit ihnen Gott zu genießen: »Schmecket und sehet, dass der HERR gütig ist! Glücklich der Mann, der sich bei ihm birgt!« (Psalm 34,9). Und im Neuen Testament lesen wir den vehement betonten Befehl: »Freut euch im Herrn allezeit! Wiederum will ich sagen: Freut euch!« (Philipper 4,4).

Viele junge Christen meinen, sie stünden vor der Entscheidung: »Will ich glücklich sein, oder will ich heilig sein?« Aber das ist eine falsche Art, über Heiligung zu denken. Heilig sein bedeutet *wirklich glücklich* zu sein, nämlich in Gott sein Glück zu finden, in ihm, der Quelle aller Freude, wirkliche Erfüllung und tiefen Genuss zu entdecken (siehe Psalm 36,8-9).

Jede Freude, die du je erlebst, hat *einen* Ursprung: Gott. Satan kann keine Freude produzieren. Er kann nur Gottes gute Dinge nehmen und sie »verdrehen«. Ich möchte das an einem Beispiel

---

9 Hierzu empfehle ich das Buch von John Piper: *Sehnsucht nach Gott. Leben als »christlicher Genießer«*, Frriedberg: 3L-Verlag 2005 und englischsprachigen Lesern Randy Alcorn: *Does God Want Us to Be Happy?: The Case for Biblical Happiness*. (Tyndale Momentum 2019).

zeigen: unsere Sexualität. Sex (Gottes Erfindung) wird von Satan verdreht (Sex außerhalb der Ehe oder ohne Liebe und Achtung dem Ehepartner gegenüber). Das Schöne aber, was selbst bei sündigem Sex erlebt wird, hat trotzdem seinen Ursprung im Erfinder von Sex: in Gott. Gott wird aber den sündigen Gebrauch seiner guten Dinge richten. Die Freuden der Sünde sind kurz. Aber selbst diese kurzzeitigen Freuden sind nur möglich durch den Gebrauch von Gottes Erfindungen. Wie viel schöner aber ist der Gebrauch seiner Erfindungen, wenn wir sie nach seinen Regeln gebrauchen! Gott ist letztlich die Quelle *aller* Freude, egal wie sehr Satan den Menschen versucht zu überzeugen, dass bei ihm Glück und Freude zu finden sei.

Jakobus sagt uns, dass »jede gute Gabe und jedes vollkommene Geschenk« von Gott kommt (Jakobus 1,17). Doch alle diese guten Dinge sind letztlich nur Wegweiser, die zur Quelle zeigen. Die Gabe zeugt von einem Geber, das Erschaffene zeigt auf den Schöpfer (nach Römer 1,20).

Denke einmal über dieses Privileg nach, eine Beziehung zu diesem Gott zu haben, der in seiner Person, in seinem Charakter und Wesen *wirklich* Erfüllung bieten kann! Der Psalmist staunte ebenfalls über den Genuss, mit Gott zu gehen:

»Du wirst mir kundtun den Weg des Lebens; Fülle von Freuden ist vor deinem Angesicht, Lieblichkeiten in deiner Rechten immerdar.« (Psalm 16,11)

Wenn Gott unglücklich oder launisch wäre, dann wäre Heiligkeit ein Biss in den sauren Apfel. Wer möchte schon für eine Person abgesondert (geheiligt) sein, mit der man eigentlich gar nicht zusammen sein möchte? Wer würde mit einem Miesepeter eine Beziehung aufbauen? Wenn Gott so wäre, wäre der Himmel zwar besser als die Hölle, aber auch kein Ort, nach dem man sich sehnen würde.

Die Bibel redet von Gott als von einem überglücklichen, jubelnden und sich freuenden Gott. Gott ist ein Gott der konstanten, untrübbaren, zutiefst authentischen Freude:

> »Der HERR, dein Gott, ist in deiner Mitte,
> ein Held, der rettet;
> er freut sich über dich in Fröhlichkeit,
> er schweigt in seiner Liebe,
> er jauchzt über dich mit Jubel.« (Zefanja 3H,17)

Ja, Gott trauert und zürnt auch über Sünde und wird den Gottlosen nicht ungestraft lassen. Aber Gottes *Wesen* ist nicht Hass, sondern Liebe (1. Johannes 4,16). Sein Hass und Zorn sind seine gerechte Reaktion auf Sünde und jene Menschen, die gottlos leben. Am Kreuz wurde aber dieser Zorn von Gott selbst getragen – im Gericht an seinem Sohn offenbart –, damit wir, mit der Gerechtigkeit von Jesus bekleidet, uns für immer an Gott erfreuen können.

Paulus beschreibt Gott als den »glücklichen Machthaber« (1. Timotheus 6,15) und die gläubigen Thessalonicher als Vorbilder für andere Gläubige, weil sie sich inmitten von Schwierigkeiten durch den Heiligen Geist freuen (1. Thessalonicher 1,6-7).

Gott ist glücklich. Sein Sohn (der Abglanz seines Wesens) ist glücklich (vgl. Hebräer 1,9; Apostelgeschichte 2,25-31). Deswegen können wir unsere Berufung *genießen*. Wir sind von ihm »in die Gemeinschaft seines Sohnes Jesus Christus, unseres Herrn« berufen worden (1. Korinther 1,9).

In Matthäus 22,1-14 vergleicht Jesus Gottes Ruf mit einer Einladung zu einem Hochzeitsfest. Ein Hochzeitsfest war damals der Inbegriff feierlicher Freude. Das Essen war super lecker, man trank Wein dabei und tanzte, jubelte, lachte, man pflegte Beziehungen mit den Eingeladenen und – vor allem – mit der Braut und dem Bräutigam! Schon Jesaja sagte voraus, dass Gott eines Tages die Nationen zu einem solchen Fest einladen würde:

> »Jahwe, der allmächtige Gott, wird alle Völker zum Fest einladen, zu einem Mahl mit feinsten Speisen und einem guten Tropfen, mit kräftigen, köstlichen Gerichten und gut gelagertem alten Wein. [...] Jubeln wir! Freuen wir uns, denn er hat uns die Rettung gebracht!« (Jesaja 25,6-9, NeÜ).

Gott selbst wird uns an diesem Tisch bedienen (vgl. Lukas 12,37). Das Essen, die Getränke, die Musik – alles wird stimmen. Alle werden sich vor Freude kaum halten können. Auch Gott selbst wird sich freuen.[10] Er wird dabei sein. So wie damals viele Menschen von Jesus angezogen wurden, so werden wir in der Zukunft unseren Blick nicht mehr von Jesus abwenden können.

Der berühme Prediger und Pastor Charles Haddon Spurgeon betonte oft die Verbindung zwischen der Freude Gottes und unserer Freude: »Wenn du die Freude des glücklichen Gottes wirklich kennen würdest, dann würdest du verstehen, dass ein wahrhaft christliches Leben unmöglich traurig sein kann.«[11]

»Die Freude am Herrn ist eure Kraft« (Nehemia 8,10; siehe auch 2. Korinther 3,12.18; 7,1; Epheser 6,19-20). Diese Freude gibt mir immer wieder die Kraft und Motivation, meine Berufung zu leben, auch wenn es ungemütlich und schwierig wird (lies dazu z. B. Apostelgeschichte 4,13.29; 5,40-41; 16,25).

Heilig sein bedeutet also, dass wir als *Gerettete*, durch den *Glauben*, Gottes Freude in der *Gemeinschaft* mit ihm schon hier erleben.[12] Darin liegt die Motivation, Gott in allem gehorsam zu sein und keine anderen Götter neben ihm zu dulden, d.h. ein radikales, ihm hingegebenes Leben zu führen.

»Heilig sein« ist beides: höchste Pflicht *und* Kraftquelle für alle anderen Facetten von Gottes Berufung.

---

10 Sowohl »die eingeladen sind zum Hochzeitsmahl des Lammes« als auch der Einladende der Festversammlung werden sich freuen (Offenbarung 19,7-9; Zefanja 3,17-18; Jesaja 62,5; 65,19; Lukas 15,7.10).
11 Charles H. Spurgeon. *The Believer's Heritage Of Joy. Sermon #2415.* https://www.spurgeongems.org/vols40-42/chs2415.pdf (Stand: 06.11.2019).
12 Das Erleben der Freude geschieht jetzt noch nicht in vollem Maß, da wir immer noch mit Sünde kämpfen. Sünde bewirkt, dass unser gefallenes Denken und Fühlen losgelöst von Gott Freude sucht. Wenn ein Christ aber in seinem Leben diese Freude nicht kennt, müssen wir uns grundsätzlich fragen, wie viel davon wirklich aus Glauben an den Gott der Bibel stammt. Siehe auch dazu: Piper: *Sehnsucht nach Gott*.

2 Die Facetten biblischer Berufung

Gottes Berufung umfasst unser ganzes Leben

Gottes Wort stellt uns eine durchaus facettenreiche Sicht auf das Thema Berufung vor. Mit diesem Kapitel möchte ich dich ermutigen, einen Schritt zurück zu treten. Wir alle haben die Tendenz, nicht über den Tellerrand schauen zu wollen – die Neigung, uns zu stark auf eine Sache zu fokussieren. Aber wir dürfen Berufung *nicht auf einen Teil unseres Lebens beschränken*. Dies folgt aus der einfachen Tatsache, dass Gott unser ganzes Leben besitzen möchte. Berufung hat viele Facetten, weil das menschliche Leben facettenreich ist.

Wenn Gottes helles Licht auf uns scheint und er uns rettet und beruft, dann wird dieses Licht (wie bei einem Prisma) in seine Einzelteile aufgeteilt und es kommt dabei ein vielfarbiges Spektrum heraus. Söhne und Töchter Gottes zu sein, heißt: der Welt Gott zu zeigen, und zwar in jedem Lebensbereich. Was für eine edle Aufgabe!

Berufung und Arbeit

»Und Jahwe Gott nahm den Menschen und setzte ihn in den Garten Eden, ihn zu bearbeiten und ihn zu bewahren« (1. Mose 2,15).

Nicht nur zufällig kommt unser heutiges Wort »Beruf« vom biblischen Begriff »Berufung«. Produktive, erfüllende Arbeit ist Gottes gute Erfindung. Gott selbst ist ein guter Arbeiter (1. Mose 1,31). Einer der ersten Aufträge an den Menschen war ein Mix aus Gärtnerei und Taxonomie[13] (1. Mose 2,15.19-20). Jesus selbst arbeitete ca. 18 Jahre als tüchtiger Zimmermann (vgl. Markus 6,3 mit Lukas 2,40.52).

Wir haben im ersten Kapitel gesehen, dass unsere Berufung (wenn sie wirklich von Gott ist) im Hier und Jetzt beginnen muss. Im Alltag. Deswegen ist es nicht erstaunlich, dass unser Beruf – ein großer Teil unseres Alltags – etwas mit Gottes Berufung zu tun hat!

Ich bin (oder war) in meiner Familie als »Hals-über-Kopf-Christ« bekannt. Da ich eher der Typ bin, der impulsiv entscheidet, hatte ich während meiner fünf Jahre als Physikstudent des Öfteren Momente, wo ich einfach alles hinschmeißen und mich »für den Herrn in den Vollzeitdienst« stürzen wollte.[14] Solche Überlegungen brachten mich einige Male dazu, meine Arbeit in der Naturwissenschaft sogar als minderwertig oder zeitverschwenderisch abzutun: »Es geht ja im Reich Gottes um Menschenleben! – Nicht um tote Materie!« Das stimmt, aber ich hatte trotzdem falsch gedacht.

Ja, wir alle kennen Frustrationen und Schwierigkeiten beim Arbeiten. Aber denke einmal darüber nach: Jesus »verschwendete« den Großteil seines Lebens, indem er mit »toter Materie« neue Türrahmen, Möbel oder Dächer schuf. Ob er auch Fehler gemacht hat, als er sein Handwerk lernte? Hat er sich hin und wieder einen Holzsplitter aus seinen Fingern ziehen müssen?[15]

---

13 Taxonomie heißt so viel wie »Klassifizierung und Namensgebung«, zum Beispiel in der Biologie.

14 Meine Eltern (die mich manchmal besser kennen als ich mich selbst) rieten mir, das Studium durchzuziehen, in der Berufswelt anzukommen und erst danach einen solchen Schritt zu erwägen.

15 Trotz der Tatsache, dass Jesus Gott war, stellte er sich als Mensch mit uns unter den Fluch des Sündenfalls. Dornen, Frustration und Schweiß waren für Jesus genauso real wie für uns. Hier sehen wir seine Demut. Er schuf alles perfekt, nichts war fehlerhaft (1. Mose 1–2). Dennoch demütigte er sich und wurde Mensch. Jesus konnte müde werden, hatte womöglich ab und zu Schwierigkeiten, sich zu konzentrieren und litt unter körperlichen Bedürfnissen wie Hunger und Durst und erlag zuletzt dem Tod am Kreuz. Der

Facetten biblischer Berufung

Vielleicht war auch für ihn manches beschwerlich. Aber er hat trotzdem gearbeitet! Wenn Gott uns ruft, dann sollen wir nicht unbedingt unseren Beruf oder unsere Rolle in der Gesellschaft aufgeben. Zum Beispiel musste Paulus einige aus der Gemeinde in Korinth dazu auffordern, in ihrem Beruf zu bleiben (1. Korinther 7,20-24). Frustration bei der Arbeit kam durch den Sündenfall dazu (1. Mose 3,17-19). Aber das bedeutet nicht, dass Arbeit *an sich* etwas Negatives bzw. Hinderliches wäre. Ganz im Gegenteil: Die Arbeit war ja schon vor dem Sündenfall da – Gott wusste, dass es uns guttut, die Erfüllung und Befriedigung sinnvoller Arbeit zu erleben. Arbeit tut uns so gut, dass wir sogar in der neuen Schöpfung arbeiten werden, z. B. als Regierende, Richter oder Priester (2. Timotheus 2,12; 1. Korinther 6,2-3; Offenbarung 20,6).

Als ich mich damals im Studium intensiver mit den Wurzeln der Naturwissenschaft auseinandersetzte, merkte ich, dass praktisch die gesamte »Moderne Physik« auf einem christlichen Fundament steht.[16] Menschen forschten zur Ehre Gottes. Galileo, Kepler, Newton, Maxwell, Heisenberg – sie alle forschten mit dem Ziel, Gottes Ordnung im Universum zu ergründen. Diese Entdeckung gab mir einen völlig neuen Bezug zu meiner täglichen Arbeit. Ich begann meine Übungsserien in Mathematik und mein Hantieren mit den Maxwell-Formeln als Gottesdienst zu sehen! Ich bekam neue Freude am Alltag des Studiums. Und Gott schenkte viele Gelegenheiten, von ihm zu zeugen, gerade in der geistlichen Dürre der Naturwissenschaft um mich herum. Ich war schließlich so begeistert von meiner Aufgabe als Naturwissenschaftler, dass ich auch nach dem Studium in der indus-

---

Schöpfer des Universums wurde von seinen eigenen Geschöpfen als Baby gewickelt, als Kind unterrichtet und als junger Mann in einen Beruf eingearbeitet. Er, der das Weltall zusammenhält, ließ sich in seiner Demut so weit herab, dass eines seiner Geschöpfe sogar sein Kreuz für ihn tragen musste.

16 Siehe dazu Steinar Thorvaldsen: *Kepler, Galileo, Newton and the Constructive Ideas of Modern Science.* 2002. https://munin.uit.no/handle/10037/8205 (Stand: 06.11.2019).

triellen Forschung weiterarbeiten wollte. Gott hatte aber andere Pläne und führte meine Frau und mich in den »christlichen Vollzeitdienst«. Aber das ist eine längere Geschichte …

In der Zeit vor Martin Luther wurde in der offiziellen Kirche ein Unterschied gemacht zwischen den geistlichen Tätigkeiten des Klerus (Bischöfe, Prediger etc.) und der Arbeit des normalen Bürgers.[17] Das geht jedoch gegen die Schrift. Die Bibel lehrt nämlich, dass einfache Dienste und Arbeiten als Gottesdienst bezeichnet werden können (Kolosser 3,23; Jakobus 1,27; siehe auch Psalm 90,17; Sprüche 14,23). Ja, es gibt »vollzeitliche Dienste« in der Mission oder in der Gemeinde. Aber selbst der einfachste Straßenkehrer kann Gott gefallen, indem er den Müll im Namen Jesu und mit dankbarem Herzen aufräumt (nach Kolosser 3,17). Luther prägte schließlich die reformierte Lehre in der Kirche und betonte unter anderem genau diese biblische Wahrheit. »Hier wird dreimal täglich Gottesdienst gefeiert.« Solche und ähnliche Sprüche hängen in lutherischen Pfarrhäusern über dem Spülbecken!

Überprüfe dich hier einmal selbst. Als du das letzte Mal über deine Berufung nachgedacht hast: Hast du da an die tägliche Arbeit gedacht? Oder siehst du vielleicht die Arbeit eher als Lückenbüßer, als eine »Solange-Gott-nichts-Wichtigeres-für-mich-hat«-Tätigkeit? Sind wir bereit, eine solche Einstellung zu ändern und unsere Arbeit, unseren Schulalltag, ja auch die sinnloseren oder sogar »entwürdigenden« Arbeiten als Berufung Gottes zu sehen?

Das Wortpaar »bearbeiten und bewahren« (hebr. *abad* und *schamar*) aus dem Garten Eden (siehe oben bzw. 1. Mose 2,15) wurde im Alten Testament interessanterweise auch immer wieder für den *priesterlichen Dienst* im Heiligtum verwendet (mit »dienen« und »behüten« übersetzt).[18] Adams praktische Arbeit war also eine Art Gottesdienst. Unsere tägliche Arbeit ist somit auch ein

---

17 Dem Klerus galt folgende Aufforderung: *Tu supplex ora* (lat. »Du bete demütig!«) im Gegensatz zu *Tuque labora* (»und du arbeite!«) für die Bauern.
18 Siehe Gregory K. Beale: *Der Tempel aller Zeiten: Die Wohnung Gottes und der Auftrag der Gemeinde – eine biblisch-heilsgeschichtliche Studie*. Augustdorf: Betanien Verlag 2011, S. 65.

Gottesdienst (vgl. Kolosser 3,23). Das gilt selbst für den Christen, der über längere Zeit keinen großen Sinn in seiner Arbeit erkennen kann, denn bestimmt war es so auch für den einen oder anderen Sklaven im damaligen Korinth (siehe 1. Korinther 7). Wenn ich aber Gott mit meiner Arbeit diene, ist sie immer sinnvoll!

Für ihn sind selbst kleine, »unbedeutende« Arbeiten wichtig. Wenn wir »im Kleinen für treu befunden werden« und bewusst für Gott arbeiten, sieht es Gott (Lukas 19,17). Den alltäglichen Pflichten aus dem Weg zu gehen, ist schlicht und einfach Ungehorsam. Wir werden so auch nie die Erfüllung finden, die uns eine bedeutungsvolle Arbeit geben kann. Wir werden von Gott sogar scharf ermahnt, unseren Broterwerb ernst zu nehmen (siehe 2. Thessalonicher 3,6-15).

Gott sieht mein Arbeiten. Und er sieht auch mein Herz. Damit wird deutlich: Noch wichtiger als das, *was* wir arbeiten, ist, *wie* wir arbeiten. Doch wie – oder mit welcher Motivation – sollten wir unsere Berufung im Beruf ausleben?

Gott ist letztlich unser Arbeitgeber. Er will, dass wir unseren Lohn in erster Linie von ihm erwarten (Hebräer 11,6). Dann geht es nicht mehr so sehr um mich (oder darum, wie wichtig meine Arbeit ist, siehe Psalm 90,5-6[19]), sondern um Gott. Und wie gnädig er darin ist, dass er »unnütze Knechte« belohnt, sieht man in Lukas 17,10.

Diese Sicht hilft uns, falsche Arbeitsmotivation zu enttarnen. Sobald wir z. B. beginnen, über unseren Beruf (also über das, *was* wir arbeiten) unseren Selbstwert zu definieren, schleicht sich leicht die folgende Motivation ein: Ich arbeite gut, damit ich von den Menschen gesehen werde (Epheser 6,5-8). Wir arbeiten dann, damit Menschen uns loben, anerkennen, unser Gehalt erhöhen oder uns befördern. Dann leben wir nicht Gottes Berufung und bringen uns um *seinen* Lohn und *seine* Anerkennung (Matthäus 6,1-4; 25,21)!

---

19 Psalm 90 ist übrigens ein Gebet von Mose, in dem er Gott bittet, seine Arbeit zu segnen. »Lass unsere Arbeit nicht vergeblich sein, ja, lass gelingen, was wir tun!« (NeÜ), betet er im letzten Vers des Psalms (V. 17).

Gott ist letztlich unser Arbeitgeber. Das bedeutet auch, dass unsere Arbeit Teil seiner heiligen Berufung sein muss. Praktische Heiligkeit ist in meinem Arbeitsalltag genauso wichtig wie beim Gemeindebesuch am Sonntag. Ob Gott unsere Anbetung am Sonntagmorgen annimmt, hängt davon ab, ob wir an unserer Arbeitsstelle verantwortungsbewusst handeln und liebevoll mit unseren Arbeitskollegen umgehen oder nicht.

Noch eine kurze Anmerkung zur Wahl einer Arbeitsstelle: Da wir in erster Linie für Gott arbeiten, werden einige Berufe aus ethischen Gründen für einen Christen nicht möglich sein. Zwar hält sich kaum ein Arbeitgeber an *alle* Maßstäbe der Bibel. Als Angestellte sollen wir uns unseren Vorgesetzten unterordnen (sogar »mit Furcht und Zittern« oder anders ausgedrückt »mit aller Ehrerbietung und Gewissenhaftigkeit« [NeÜ], siehe Epheser 6,5). Das gilt aber nur, solange wir nicht aufgefordert werden zu sündigen. Gottes Aufruf, »heilig zu sein«, bleibt immer höchste Priorität. In vielen Firmen zählt Profit höher als Menschen, und Schein ist wichtiger als Tatsachen. Hier müssen wir als Christen ganz klar Stellung nehmen. Wir müssen »Gott mehr gehorchen als den Menschen« (Apostelgeschichte 5,29). Ansonsten sind uns aber keine Grenzen gesetzt und wir können kreativ sein, auf welche Weise wir dem Herrn mit unserer täglichen Arbeit dienen und ihn ehren.

Gottgeweihte Arbeit ist etwas wirklich Schönes. »Ihre Wege sind liebliche Wege, und alle ihre Steige sind Friede« (Sprüche 3,17 mit 16,3). Wirkliche Arbeit ist – wie alle Facetten der Berufung Gottes – ein gutes Geschenk Gottes.

Ehe und Familie

Gottes Ruf zu folgen, bringt sehr viel Freude. Das ist vielleicht nirgendwo so offensichtlich wie in Ehe und Familie. Wen Gott beruft, den beschenkt er auch. Der Schutz und die Geborgenheit in einer Ehe, das gemeinsame Erleben der Sexualität, die Freude an Kindern, das sind alles Ideen Gottes (1. Mose 2,23-24; 1. Mo-

Facetten biblischer Berufung

se 1,28; Hohelied; Psalm 127,3-5). Sie helfen uns, die große Verantwortung zu tragen.

Wer sich dazu entschließt, eine Familie zu haben, trägt in der Tat auch eine große Verantwortung. Diese Verantwortung (und die »Bindung«, die mit einer Ehe einhergeht) hat mich als junger Mann immer wieder zu Rückziehern veranlasst, wenn es um Ehe ging. Nebenbei muss ich hier leider sagen, dass es mir im Umgang mit dem anderen Geschlecht oft an Weisheit mangelte. Aber ich hatte einen gesunden Respekt vor den Verpflichtungen einer Ehe, und das war gut.

Wenn wir diese Verantwortung in Ehe und Familie mit Füßen treten, sind wir in seinen Augen sogar schlimmer als in unserem früheren ungläubigen Zustand (1. Petrus 3,1-7; 1.Timotheus 5,8)!

Die Entscheidung, ob ich wirklich heiraten will oder nicht, sollte sorgfältig überdacht werden.[20] Ob wir eine Ehe führen oder nicht, wird unsere Berufung maßgeblich beeinflussen. Die Ehe (und zweitrangig die Familie) muss eine höhere Priorität einnehmen als z. B. unsere Arbeit oder unser Dienst in der Gemeinde. Diese Tatsache brachte schon viele Nachfolger von Jesus zur Entscheidung, ehelos zu bleiben, um Gott besser dienen zu können (1. Korinther 7).

Wer nun heiratet, ist zur Ehe verpflichtet. Wer Kinder bekommt, der tut alles dafür, um ein guter Vater oder eine gute Mutter zu sein. Das gilt, ganz unabhängig davon, wie die Ehe geschlossen wurde und ob die Kinder »geplant« waren. Diese Verbindlichkeit gibt einer Familie Halt, auch wenn Zweifel, Spannungen und Probleme auftauchen. Wir können uns für oder gegen die »Ehe« entscheiden, aber nur vor der Eheschließung. Einmal verheiratet, sind wir dazu verpflichtet, alles daran zu setzen, dass unsere Familie sich zu Gottes Ehre entwickelt. Ob wir am Ende damit Erfolg haben, können wir nur Gott anbefehlen, der uns dazu Gnade und Hilfe geben will.

---

20 Für eine hilfreiche und gut verständliche Behandlung des Themas Partnerwahl siehe: Andreas Burghardt: *Das GPS der göttlichen Führung* (MP3-CD, Meinerzhagen: Leseplatz 2018).

Was sind unsere Prioritäten bei diesem Thema, wenn es darum geht, in diesem Bereich Gottes Berufung zu leben? Ist nur der ein »guter Christ«, der eine glückliche Familie hat? Stell dir einmal zwei völlig verschiedene Christen vor. Der eine Mann ist glücklich verheiratet und erzieht sieben Kinder. Der andere wünscht sich schon seit langem eine Frau, aber es wurde nie etwas daraus. Er hat seit seiner Jugend gegen die Versuchung gekämpft, in Selbstmitleid und Einsamkeit zu versinken und lebt trotz aller Höhen und Tiefen ein aufopferndes Leben für Christus. In den Augen vieler wäre der Familienvater erfolgreicher. Aber von beiden müssen wir lernen können und beide sind von Gott bedeutungsvoll berufen.

Gilt in deinem Bild von Berufung: »Ehe in Ordnung, Sexualität in Ordnung, alles in Ordnung«? Prüfe dich einmal selbst. Dreht sich für dich bei der Frage nach Gottes Willen in deinem Leben alles nur um die Frage nach dem Heiraten? Werde ich wohl den Richtigen, die Richtige finden? Das ist zweifelsos eine wichtige Frage, aber sollte sie unsere Gedankenwelt füllen? Nein. Die Frage sollte vor dieser Frage in den Hintergrund treten: »Wie kann ich zu Gottes Ehre in meiner *aktuellen Situation* heilig leben?«

Diesen Fokus auf unsere Heiligkeit müssen wir auch dann behalten, wenn wir bereits eine Ehe eingegangen sind. Ich hatte in meiner Ehe schon öfter Momente, wo ich mich bewusst daran erinnern musste, dass meine Ehefrau *nicht* die Aufgabe hat, mich glücklich zu machen. Keine Frau kann ihrem Mann eine perfekte Ehe schenken und umgekehrt auch kein Mann seiner Frau. (Nur am Rande bemerkt: Meine Frau ist eindeutig die liebenswürdigste Frau, die ich kenne!) Es geht vielmehr darum, dass wir in der Ehe einander helfen, Jesus ähnlicher zu werden; heilig zu werden. Wenn wir beide gegenseitig auf unsere »schwierigen Seiten« mit Liebe reagieren, dann bewirkt das in uns Standhaftigkeit, mit dem Ziel, »vollkommen und vollendet zu sein in allem« (Jakobus 1,3-4). Das ist zwar für jeden Gläubigen das Ziel, das er anstrebt, aber in einer Ehe können Mann und Frau tagtäglich gemeinsam daran arbeiten.

Unsere Ehe *dient* also unserem Fortschritt in der Heiligung. Die Ehe ist ein Werkzeug in Gottes Hand, mit dem er uns Christus ähnlicher macht. Ehe ist das irdische Abbild einer zukünftigen himmlischen Realität, der Schatten einer noch ausstehenden Wirklichkeit: unserer Freude und Geborgenheit im Himmel als heilige Braut von Jesus, dem liebenswürdigsten Mann im ganzen Universum!

Spielt Ehe die Hauptrolle in deinem Berufungsdenken? John Piper nennt die Ehe trefflich eine »Bühne, auf der das Evangelium nachgespielt werden darf«.[21] Vom Evangelium angefachte und getriebene Heiligung, das ist unsere Berufung. Alles andere ist nur Fußnote. Aber es gibt wunderschöne Fußnoten – unter anderem die Ehe.

Wie schon gesagt, wird nicht jeder Christ heiraten. Nicht jeder Christ wird Kinder haben. Auf einen Ehepartner oder auf eigene Kinder zu verzichten, ist für viele nicht leicht. Oft haben Singles oder Kinderlose Mühe, ihre Situation anzunehmen. Das ist völlig verständlich, denn unsere Kultur im Westen neigt dazu, Identität in sexueller Erfüllung zu finden.[22] Andere Kulturen finden ihre Identität in Familie und Kindern.[23] Aber viel zu oft laufen wir Christen solchen Idealbildern hinterher. Wer keine erfüllende Ehe und Familie hat, ist »noch nicht ganz am Ziel angekommen«. Aber wer bestimmt für uns, was »erfülltes Leben« ist? Unsere Kultur oder Jesus Christus? Jesus war Single, hat weder leibliche Kinder noch Sexualität erlebt. Aber er lebte nach Gottes Willen wie kein anderer vor ihm und nach ihm.

Mission

Seltsamerweise wird Jesus trotz seiner Ehelosigkeit als »fruchtbar« bezeichnet, und als jemand, der »Nachkommen haben« wird (Jesaja 11,1; 53,10). Jesus hat eine ebenso wichtige Berufung

---

21 Frei formuliert aus einem der Hauptgedanken von Pipers Buch: John Piper: *Einfach himmlisch!: Was die Ehe über Gott zeigt.* Bielefeld: CLV 2019.
22 Erkennbar an Formulierungen wie »Ich bin hetero- bzw. homosexuell!«
23 Zum Beispiel in vom Islam geprägten Kulturen.

gelebt wie die, die leibliche Kinder aufziehen. Gott hat durch ihn »viele Söhne zur Herrlichkeit gebracht« (Hebräer 2,10).

In der Zeit des Neuen Testaments hat das radikale Auswirkungen auf unsere Berufung, »fruchtbar zu sein«.[24] So kann Paulus, ein eheloser Mann, uns sogar empfehlen, den gleichen Lebensstil zu wählen (1. Korinther 7). Er verzichtete als Unverheirateter auf eine geniale Sache (Ehe), damit er einem weiteren Aspekt von Gottes Berufung noch besser nachgehen konnte:

> »Geht hin und macht alle Nationen zu Jüngern, und tauft sie auf den Namen des Vaters und des Sohnes und des Heiligen Geistes, und lehrt sie, alles zu bewahren, was ich euch geboten habe.« (Jesus in Matthäus 28,19-20)

Für einige bedeutet dieser Auftrag einen vollzeitlichen Dienst, für alle anderen einen Lebensstil, der die weltweite Mission als Ziel hat. Das beinhaltet freudiges Geben und Unterstützen von Missionaren.

Wie denkst du über diesen Aspekt von Gottes Berufung? Viele junge Leute, die ich kenne, meinen: »Gottes Berufung ist eher etwas Langweiliges, Einschränkendes. Obendrein ist ›Missionieren‹ total peinlich.«

Das ist ein Irrtum. Wer wirklich einen missionarischen Lebensstil pflegt, weiß, wie viel Mut und Kreativität gerade dieser Aspekt von Gottes Berufung fordert. Meine persönliche Erfahrung ist, dass auch unser Umfeld eine Art Respekt vor Menschen hat, die völlig von einer Sache überzeugt sind. Missionieren braucht zwar Mut, hinterlässt aber bei vielen Menschen einen tiefen Eindruck (Apostelgeschichte 4,13; Matthäus 5,16). Zusätzlich

---

24 Die Berufung zur Mission ist tatsächlich die direkte »Erfüllung« der Berufung Adams »fruchtbar zu sein, sich zu vermehren und die Erde zu füllen« (1. Mose 1,28). Somit tritt die Berufung, in der Ehe Kinder zu kriegen, im Neuen Testament in den Hintergrund. (Trotzdem dürfen wir das eine nicht auf Kosten des anderen in unserem Leben ausspielen.) Für die Verbindung zwischen Gottes Berufung an Adam (und später an Israel) sich zu vermehren, und dem neutestamentlichen Missionsbefehl siehe Beale: *Der Tempel aller Zeiten*.

Facetten biblischer Berufung

ist das Evangelium nicht nur *irgendeine* Botschaft. Gott selbst steht mit seiner Kraft hinter seinem Evangelium (Römer 1,16)![25]

Um dem Missionsbefehl auszuweichen, werden oft »Ersatz-Berufungen«[26] gesucht und andere Lebensziele an seine Stelle gesetzt: Karriere, Hausbau, Hobbies oder sogar Aufgaben in der Gemeinde. Wir missachten dabei Gottes direkten Befehl, wenn wir unsere Aufmerksamkeit zu stark auf solche Dinge fokussieren.

Ein einfacher und mutiger Gehorsam, Menschen von Jesus zu erzählen, wird bei uns mehr Adrenalin, Spannung, Glück, Erfüllung und Frieden produzieren als sämtliche Erlebnisse, mit denen wir uns manchmal ablenken. Dieser Aspekt von Berufung fordert von uns eine Dringlichkeit. Er erfordert ein Leben, das sich nicht von trivialen Dingen ablenken lässt. Er erfordert eine Liebe für Menschen, die – wenn sie nicht umkehren – der schreckliche Zorn Gottes erwartet (Römer 1,18; Johannes 3,36; Hebräer 10,31)! Nicht zuletzt deshalb erfordert die Berufung zur Mission ein ernsthaftes Gebetsleben und ein »Flehen für sie zu Gott, dass sie errettet werden« (Römer 10,1).

Zu viele von uns fragen sich immer nur: »Was ist wohl Gottes Wille für mein Leben?«, sind aber nicht bereit, den *in der Bibel offenbarten* Willen Gottes ernst zu nehmen: Gott »*will*, dass alle Menschen gerettet werden und zur Erkenntnis der Wahrheit kommen« (1. Timotheus 2,4).

Als Christen lernen wir Gott und seine Liebe für die Welt kennen. Diese Liebe für die Verlorenen ist ein Teil echten Glau-

---

25 Der Beziehungsaspekt von »Heilig sein« ist hier sehr wichtig. Wenn wir Freude an Gottes Macht und Souveränität haben sowie von seiner Liebe überzeugt sind, weil wir selbst in dieser Liebe ruhen, wird unser Mut, das Evangelium zu verkünden, wachsen. Ich kann dann darauf vertrauen, dass Gott wirkt und dass Gott die Situation unter Kontrolle hat, auch wenn es so aussieht, als würde man als Mensch abgelehnt werden (siehe Römer 1,16 oder Apostelgeschichte 4,24-31; 5,29.41).

26 Im Folgenden verwende ich die Aspekte, in denen und zu denen wir berufen sind, als einzelne »Berufungen«. Man sagt z. B. »Ich verspüre eine Berufung, in die Mission zu gehen!«, obwohl die Mission eigentlich ein *Aspekt* unserer Berufung (heilig zu sein) ist. Wir verwenden aber der Einfachheit halber die Formulierung »Mission / Ehe / Dienst in der Gemeinde ist eine Berufung«.

bens und spiegelt sich im Leben des Christen wider (Römer 9,1-3). Wenn wir wiedergeboren sind, so ahmen wir Gott in seinen moralischen Eigenschaften nach. Man erkennt uns als Söhne und Töchter Gottes (siehe S. 7). Wieso sollte da die Mission eine Ausnahme sein?

Bin ich bereit, mich diesem Willen Gottes unterzuordnen? Stelle ich persönliche Ziele und Wünsche beiseite, damit ich Gottes Aufruf zur Mission folgen kann? Wenn nicht, ist es so als würde ich zu Gott sagen: »Mich interessiert dein Wille für mein Leben gar nicht. Ich möchte einfach ein tolles Leben haben. Du darfst mir aber bei meiner Selbstverwirklichung behilflich sein.«

Mission geht uns alle an. Im letzten Kapitel haben wir gesehen, dass Ehe und Ehelosigkeit Berufungen und Lebensweisen sind, die Gott für bestimmte Personen vorgesehen hat. Nicht jeder Christ muss eine Familie gründen. Aber das gilt nicht für die Mission! Mission ist ein Befehl an *jeden* Christen (nach Matthäus 5,16; 28,19-20; Apostelgeschichte 1,8-9; 1. Petrus 2,9; 3,15). Der wahre christliche Glaube ist ein Lebensstil, der darauf ausgerichtet ist, Menschen für das Reich Gottes zu gewinnen (nach Markus 1,17). Selbst Timotheus, der eine klare Berufung hatte, als Lehrer und Pastor in der Gemeinde in Ephesus zu dienen, wird von Paulus dazu aufgefordert: »Tue das Werk eines Evangelisten!« (2. Timotheus 4,5).

Erinnerst du dich an das Beispiel von der Reinigungsfachkraft Lina in Kapitel 1? Sie hatte alles getan, nur nicht das, was sie eigentlich tun sollte. Ähnlich ist es bei bekennenden Christen, wenn sie nicht bereit sind, als Teil ihrer Berufung einen missionarischen Lebensstil zu führen. Jünger Jesu müssen die Initiative ergreifen (»gehet hin«, Matthäus 28). Sie tun es gerne, weil sie auf Gottes mächtige Hilfe setzen (Apostelgeschichte 4,29-31). Sie reden zu den Herzen ihrer Feinde und Gegner. Wo es menschlich gesehen hoffnungslos aussieht, sind sie zuversichtlich. Sie wissen nämlich, dass es in Gottes Macht steht, sogar ihren Gegnern Umkehr zu schenken (2. Timotheus 2,25). Das heißt: Sie tun es aus Glauben an Gottes Versprechen.

Facetten biblischer Berufung

Bevor Jesus den Missionsbefehl formuliert, verspricht er seinen Jüngern: »Mir ist alle Macht gegeben im Himmel und auf Erden« (Matthäus 28,18). Wenn wir uns vor diesem Aspekt unserer Berufung drücken, zeigt das letztlich, dass wir nicht an seine Versprechen glauben. Wenn ich überzeugt bin, dass ich Botschafter für den mächtigsten Mann im Universum bin, und wenn dieser mir verspricht, dass er »alle Tage bis zur Vollendung des Zeitalters« bei mir ist (V. 20), dann *werde* ich auf seinen Befehl hin mutig evangelisieren. Es geht gar nicht anders.

Mission wird für jeden Christen anders aussehen. Gott will zwar, dass jeder Christ Menschen aus seinem ungläubigen Umfeld für Christus gewinnt. Aber der Missionsbefehl hat noch weitere Facetten. Jesus sagte: »Machet zu Jüngern […] und lehrt sie, alles zu bewahren, was ich euch geboten habe!« Berufung ist also auch damit verbunden, dass wir anderen, die schon bekehrt sind, durch unser Leben ein Vorbild sind und dass wir sie konkret anleiten. Gottes Berufung betrifft auch unsere Aufgaben in der Gemeinde, worum es im nächsten Abschnitt gehen wird.

Gemeinde

Was ist Gemeinde? Gemeinde ist das, was entsteht, wenn der Missionsbefehl in der Kraft des Heiligen Geistes gelebt wird. Jesus sagte zu seinen Jüngern, dass sie die Nationen zu seinen Nachfolgern machen sollten (Matthäus 28,19). Die erste Predigt von Petrus war der erste Schritt zur Erfüllung dieses Auftrags. Was entstand durch diesen ersten Missionseinsatz? Die erste Gemeinde (Apostelgeschichte 2).

Wir könnten aber noch weiter zurückdenken. Was war die *Voraussetzung* dafür, dass die Apostel evangelisiert haben? Sie mussten Jesus kennen, das Evangelium auf ihr eigenes Leben anwenden und *sich selbst an das halten, was Jesus geboten hatte*. Wie sollten sie sonst den Missionsbefehl ausführen: »… und lehrt sie, alles zu bewahren, was ich euch geboten habe«? Jesus lehrte sie, durch den Glauben an ihn ein heiliges Leben zu führen. Erst

dadurch wurden sie fähig zu missionieren und in der ersten Gemeinde andere anzuleiten (siehe Apostelgeschichte 2,42).
Wir erkennen also eine gewisse Abfolge:

- Die Apostel folgten selbst Jesus nach.
- Die Apostel missionierten.
- Die Apostel führten Gemeindearbeit durch.

Klar, man könnte auch Punkt 2 und 3 als ein und dieselbe Berufung sehen. Sie beide sind eine Antwort auf den Missionsbefehl. Aber vielleicht hilft uns die Abfolge darin, Gemeindedienst etwas besser zu verstehen. Wir müssen nämlich erkennen, dass unsere Berufung, heilig zu sein (also persönlich Jesus nachzufolgen) an erster Stelle steht (1. Punkt). Wenn wir dies nicht leben, ist es unmöglich, anderen Menschen Gott näher zu bringen (2. Punkt). Es ist aber auch unmöglich, in der Gemeinde einen Dienst auszuüben, der Gott gefällt (3. Punkt). In diesem Sinne ist Gottes Berufung, in der Gemeinde Aufgaben zu übernehmen, »für Fortgeschrittene«.

Ich beobachte manchmal, dass man Jugendliche in unseren Gemeinden relativ früh ermutigt, »einfach mal mitzumachen«. Klar, man möchte sie möglichst früh in die Organisation des Kindergottesdienstes miteinbeziehen oder für einen Platz im Musikteam begeistern. Aber sollten wir Menschen wirklich dahin bringen, in Gemeinde Verantwortung zu tragen, *bevor* sie zu einem heiligen Leben angeleitet werden? Sollten Menschen etwa die Kanzel besetzen, wenn Gott nicht den zentralen Platz in ihrem Leben besetzt?

C. H. Spurgeon meinte einmal dazu: »Fühlt sich einer nicht zur Heiligung berufen, so hat er sicherlich keine Berufung fürs Predigtamt, was für einen Ruf er auch vorspielen möge.«[27]

Unter anderem wird unsere Berufung (heilig zu sein) Auswirkungen darauf haben, *wie* wir Gemeindearbeit machen. Per-

---

27 Charles Haddon Spurgeon: *Ratschläge für Prediger: 22 Lektionen für die Verkündigung der Heiligen Schrift*. Augustdorf: Betanien Verlag 2016, S. 12.

Facetten biblischer Berufung

sönliche Heiligung ändert unsere *Motive*. Ähnlich wie wir weiter oben im Abschnitt »Berufung und Arbeit« gesehen haben, spielen unsere Beweggründe und Herzenseinstellungen eine sehr große Rolle für Gott.

Relativ früh in der Geschichte der ersten Gemeinde wird ein Ehepaar beschrieben, das genau diesen Aspekt missverstanden hatte. Ein Mann namens Ananias und seine Frau Saphira wollten der Gemeinde dienen, indem sie einen Teil des Geldes vom Verkauf eines ihrer Felder der Gemeinde spenden wollten. Aber sie lebten nicht in der Heiligung, sondern in der Lüge. Gott tötete sie auf der Stelle (die Geschichte findest du in Apostelgeschichte 5,1-11).

Ziemlich schockierend, oder? Die Christen damals waren auf jeden Fall zutiefst entsetzt (V. 11). Nimmt Gott Sünde so ernst in seiner Gemeinde? Mir persönlich jagt diese Bibelstelle schon eine gewisse Angst ein. Irgendwie glauben wir aber gar nicht mehr, dass Gott so hart durchgreifen könnte, nicht wahr? Aber er hat es getan. Und das hilft uns, richtig über Gemeindearbeit nachzudenken. Warum? Dadurch, dass Gott dieses Ehepaar auf der Stelle tötete, sprach er sein Gericht aus über alle, die seine heilige Berufung nicht ernst nehmen und trotzdem in der Gemeinde dienen wollen. Das soll uns aber nun nicht dazu verleiten, angesichts unserer Schwachheit in der Nachfolge zu verzweifeln, z. B. darüber, dass wir nie ganz reine Motive haben.[28] Die Geschichte von Ananias und Saphira warnt uns aber davor, denselben Fehler wie sie zu begehen und aus selbstsüchtigen Motiven Gottes Berufung leben zu wollen.[29]

---

28 Selbst die heiligsten Christen merken, dass oft falsche Gedanken an die Oberfläche kommen, obwohl sie durch den Heiligen Geist diese bekämpfen (vgl. Römer 8,13).

29 Paul David Tripp nennt die Berufung zum (Pastoren-) Dienst in der Gemeinde *Gefährliche Berufung*. Er zeigt in einem Buch auf, wie einfach (und gefährlich) es ist, in der Gemeinde zu dienen, ohne im Alltag wirklich heilig zu leben. Englischsprachigen Lesern empfehle ich dieses Buch wärmstens: Paul David Tripp: *Dangerous Calling: Confronting the Unique Challenges of Pastoral Ministry*. Wheaton, Ill.: Crossway 2012.

Sie brachten eine finanzielle Gabe. Die Gabe könnte in unserem Fall auch die musikalische Begabung, die Fähigkeit zu predigen, eine gewinnende Art und die Fähigkeit auf Menschen zuzugehen, technisches Flair, Dekorations- oder Kochkünste sein. Welche Gaben du auch immer bringen möchtest: Es geht Gott vor allem um dein alltägliches Leben und um deine Herzenshaltung beim Bringen der Gabe.

Ja, Gott möchte uns mit unseren Gaben und Begabungen in seiner Gemeinde gebrauchen. Es ist ihm wichtig, dass wir uns entfalten und ihm und anderen gerne dienen. Aber er möchte auch gerne die richtige Einstellung in uns sehen (1. Samuel 16,7; Jeremia 17,10; Sprüche 24,12; Philipper 2,5). Ansonsten begeben wir uns auf dünnes Eis. Wir können Menschen täuschen und ihnen etwas vorspielen, aber dem Heiligen Geist können wir nie etwas vormachen (Apostelgeschichte 5,3; 1. Korinther 3,16-17).

Mit welcher Motivation sollten wir also dienen? Welches Ziel sollten wir haben? Ameisenvölker bestehen aus einzelnen Ameisen, die unterschiedlichste Aufgaben übernehmen. Aber sie alle arbeiten letztlich auf ein großes Ziel hin (das Überleben und Gedeihen des Volkes). Weder Willkür noch Individualismus bestimmt ihr Arbeiten, sondern letztlich zeigt die Komplexität und Genialität eines Ameisenbaus die Herrlichkeit des Schöpfers selbst. Wie viel weniger dürfen Selbstsucht und Individualismus unsere Arbeit in der Gemeinde bestimmen! Das Überleben und Gedeihen der Gemeinde gehen letztlich mit der Ehre Gottes einher, die wahre Motivation jedes Gotteskindes (siehe Epheser 1,6.14).

Es ist eine Frage, die ich mir regelmäßig stelle: Diene ich mit dem Ziel, dass Gott groß herauskommt, dass er gepriesen, geschätzt und anerkannt wird, dass andere über *ihn* staunen (und nicht über mich)? Um Missverständnissen vorzubeugen, möchte ich noch eine Sache betonen: Gott für andere groß zu machen bedeutet nicht, dass wir uns selbst vor anderen ständig niedermachen müssen. Das wäre letztlich falsche Demut und religiöses Getue. Gott ist der, der am besten unsere Motive erkennt. Er kann sie uns auch bewusst machen. Wenn du dir deiner Motive und Herzenshaltung nicht sicher bist, dann lerne doch folgende Worte Davids beten:

Facetten biblischer Berufung

»Erforsche mich, Gott, und erkenne mein Herz! Prüfe mich und erkenne meine Gedanken!« (Psalm 139,23).

Ein Professor an einer theologischen Hochschule wurde einmal gefragt, warum er eine gewisse Aufgabe im Gottesdienst übernahm: Er stellte die Stühle für die Besucher. Sollte er mit seinem Bildungsstand nicht eine zentralere Rolle spielen? Seine Antwort war folgendes Zitat aus der Bibel: »Ich will lieber an der Schwelle stehen im Haus meines Gottes, als wohnen in den Zelten der Gesetzlosen« (Psalm 84,10). Er war sich nicht zu schade, mit seinen Gaben auch bei einfachen Aufgaben in der Gemeinde mitzuhelfen. Seinem Herrn und seinen Glaubensgeschwistern zu dienen, stand für ihn im Zentrum; die Entfaltung seiner Gaben war zweitrangig.

Wenn wir das verstanden haben, hilft es natürlich trotzdem, über unsere Gaben nachzudenken. Gemeindedienst ähnelt in vielem unserer täglichen Arbeit. Viele Prinzipien lassen sich übertragen. Zum Beispiel macht es wenig Sinn, eine Ausbildung als Fliesenleger anzufangen, wenn du eigentlich eine Leidenschaft für Sprachen hast und ohnehin schon über Kniebeschwerden klagst. Genauso wenig macht es Sinn, einen Predigtdienst anzustreben, wenn du keinen gescheiten Satz formulieren kannst oder deine Mitmenschen durch deine Predigten nicht erbaut werden. Wir dürfen – gerade in der Gemeinde – überlegen, um Rat fragen, ausprobieren und darüber beten, wie wir unsere Gaben klug einsetzen sollen.

Jesus benutzt ein gutes Anschauungsbeispiel in Lukas 14,7-11, das sich auch auf Gemeindedienste übertragen lässt. Sage schneller zu, wenn es um Aufgaben in der Gemeinde geht, die nicht so viel Anerkennung mit sich bringen. Sei vorsichtig darin, die »ersten Plätze beim Fest« (bzw. in der Gemeinde) einzunehmen.

Bibelstellen wie Lukas 2,37, Jakobus 1,27 und Johannes 13,4-5 sagen uns, dass Dienste wie treues Beten und Fasten, die Armen in ihren Schwierigkeiten zu besuchen, praktische Dienste wie Putzen, Organisieren, Kochen, Gebäudebau bzw. -unterhalt, Zeit haben für Gespräche und Seelsorge, Ermutigung und Ermahnung, genauso schöne Dienste sind wie Gemeindeleitung, Lehren, Predigen oder musikalische Mitwirkung im Gottesdienst.

Denken wir noch einmal an die Reihenfolge: Die Apostel mussten erst einmal selbst Jünger Jesu werden (heilig leben, durch den Glauben an den Messias). Erst dann setzte sie Gott in seiner Gemeinde ein. Im unmittelbaren Umfeld und im Alltag heilig zu leben, ist Voraussetzung für Gemeindedienst. Es sollte uns also nicht überraschen, dass Paulus in seinen Briefen Bedingungen nennt für Gemeindemitarbeit und Verantwortung in der Gemeinde (siehe z. B. 1. Timotheus 3,1-13). Diener bzw. »Diakone« sollen unter anderem »Mann einer Frau sein und sollen den Kindern und den eigenen Häusern gut vorstehen« (V. 12). Wenn wir also in unserem eigenen Leben nicht heilig leben und in unserem unmittelbaren Umfeld versagen, werden wir für diesen Aspekt von Gottes Berufung unbrauchbar. Es gibt Voraussetzungen oder Bedingungen für diesen Teil unserer Berufung. Gemeindearbeit ist »für Fortgeschrittene«. Diese Anforderungen sollten uns erneut zu dieser einen, zentralen Berufung zurückführen: Gott mit ganzem Herzen zu lieben; für den Herrn der Gemeinde heilig zu leben.

Wir könnten sagen: *Gemeinde ist der Ort, wo die innere Heiligung des Einzelnen gegenüber anderen Gläubigen und der Welt zum Ausdruck kommt.* In der Gemeinde kommt also unsere Berufung auf eine besondere Art zur Geltung. Die Gemeinde ist die »Herausgerufene«.[30] Das soll uns daran erinnern, dass Gott der Rufende ist. Er ruft uns aus der Sünde heraus zu einem heiligen Leben. Letztlich ist die Gemeinde der Ort, wo Heiligung stattfindet, wo Christen sich gegenseitig prägen, korrigieren, lehren und »schleifen«. All das dient dem großen, gemeinsamen Ziel, für Jesus Christus heilig zu sein und ihn dadurch zu ehren.

---

30 Das griechische Wort *ekklesia*, das in der Regel mit »Gemeinde« oder »Versammlung« übersetzt wird, hat die wörtliche Bedeutung »Herausgerufene«.

3 Wo beginnen?

Wir sind berufen, da wo Gott uns hingestellt hat, treu zu arbeiten, unseren Familien gewissenhaft vorzustehen, andere Menschen für Gott zu gewinnen und ihnen in der Gemeinde zu dienen. Aber diese vielen Aspekte der Berufung Gottes können uns auch überfordern. Wo fangen wir an? Was hat höchste Priorität? In Kapitel 1 haben wir gesehen, dass unsere Heiligkeit oberste Priorität hat. Aber wie setzen wir das konkret um?

Diese oberste Priorität eines Christen haben manche mit »Gott zu ehren und ihn für immer zu genießen«[31] zusammengefasst. Heilig sein bedeutet, in einer Beziehung zu Gott zu leben. Es bedeutet, Gott zu kennen und sich an ihm zu erfreuen. Nur wer den heiligen Gott *kennt*, wird wirklich heilig leben.

Wir müssen Gott kennen

Besuche eine durchschnittliche freikirchliche Jugendstunde in Deutschland und frage einmal jeden persönlich: »Was ist eigentlich deine Berufung?« Du wirst sehen, dass viele den Begriff »Berufung« nicht mit Inhalt und Bedeutung füllen können. Aber das ist nicht das eigentliche Problem; es gibt eines das tiefer liegt: Wir haben falsche oder unangemessene Vorstellungen von Gott.

In vielen Gemeinden wird gerne über Berufung, Gottes Plan für dein Leben etc. gepredigt. Aber wie oft wird über Gott und

---

[31] So formuliert es der erste Abschnitt des »Kürzeren Westminster Katechismus« von 1647.

seine Eigenschaften gelehrt? Über die Dreieinigkeit zum Beispiel. Oder Gottes Heiligkeit, Gerechtigkeit, Liebe, Zorn, Transzendenz, Majestät, Souveränität,[32] Unendlichkeit, Allmacht, Allgegenwart, Schöpfungsgewalt …

Aiden W. Tozer schrieb einmal:

»Solange unsere Vorstellungen von Gott falsch oder unangemessen sind, ist es unmöglich, unser Verhalten und unsere innere Einstellung gesund zu erhalten. Wenn unser Leben wieder geistliche Kraft bekommen soll, müssen wir damit beginnen, so über Gott zu denken, wie er in Wirklichkeit ist.«[33]

Wie würdest du antworten, wenn dich jemand bittet, ihm zu erklären *wie Gott ist*? Früher oder später, wenn wir über unsere Berufung nachdenken, müssen wir uns diese Frage stellen: »Kenne ich Gott? Könnte ich von ihm erzählen? Kenne ich wirklich den Gott *der Bibel*? Denke ich wirklich so über ihn, wie er sich in der Bibel zeigt?« Alles andere als ein ausgeglichenes Bild vom Gott der Bibel hemmt Anbetung in unserem Leben (Gott genießen) und damit auch ein gesundes Verhalten (unsere Berufung).

Ich war einmal eingeladen, in einer Studentenbibelgruppe einen Vortrag zu halten. Nach Absprache mit dem damaligen Leiter der Gruppe (wir waren gute Freunde) entschied ich mich, das Buch Amos vorzustellen. Ich versuchte, dem Text der Bibel treu zu sein und einfach zu erklären, was Amos über Gott sagt. Am Ende waren viele gründlich schockiert darüber, dass jemand so »unbarmherzig« war, über Gottes Zorn und Gericht zu reden. Aber sein Zorn und sein Gericht über Sünder ist ein *wesentlicher* Bestandteil seiner Heiligkeit und seiner Liebe für das Gute und Gerechte!

---

32 Die Souveränität Gottes bezeichnet seine Fähigkeit, das zu tun, was seinem heiligen Willen entspricht und seine Oberherrschaft auszuüben. Der Allerhöchste, der Herr des Himmels und der Erde, hat unbeschränkte Macht, zu tun, was er beschlossen hat. Niemand kann ihn davon abbringen oder daran hindern.

33 A. W. Tozer: *Das Wesen Gottes. Eigenschaften Gottes und ihre Bedeutung für das Glaubensleben*. Holzgerlingen: Hänssler 2001. S. 8

Wo beginnen?

Sind wir noch in der Lage, Begriffe wie »Heiligkeit Gottes« richtig zu füllen? Die Psalmisten konnten es:

»Durch des HERRN Wort ist der Himmel gemacht
und all sein Heer durch den Hauch seines Mundes.
Er sammelt das Wasser des Meeres wie einen Wall,
legt in Behälter die Fluten.
Es fürchte den HERRN die ganze Erde;
mögen sich vor ihm scheuen alle Bewohner der Welt!
Denn er sprach, und es geschah;
er gebot, und es stand da.
Der HERR macht zunichte den Ratschluss der Nationen,
er vereitelt die Gedanken der Völker.
Der Ratschluss des HERRN hat ewig Bestand,
die Gedanken seines Herzens
von Generation zu Generation.« (Psalm 33,6-11)

Wir tendieren zu sagen, dass Gott »traurig ist, wenn Menschen sündigen« und dass Gott »gerne hätte, dass wir ihm gehorchen«. Aber beschreiben wir damit angemessen Gottes Reaktion auf die Rebellion des Menschen? Ein biblischer Autor beschrieb sie so:

»Ein eifersüchtiger und rächender Gott ist der HERR,
ein Rächer ist der HERR und voller Grimm.
Rache übt der HERR an seinen Gegnern,
und er grollt seinen Feinden.
Der HERR ist langsam zum Zorn und groß an Kraft.
Doch keinesfalls lässt der HERR ungestraft. –
Im Sturmwind und im Unwetter ist sein Weg,
und Gewölk ist der Staub seiner Füße [...]
Die Berge erbeben vor ihm, und die Hügel zerfließen.
Vor seinem Angesicht hebt sich die Erde,
das Festland und alle, die darauf wohnen.
Wer kann vor seinem Groll bestehen,
wer standhalten bei der Glut seines Zorns?
Sein Grimm ergießt sich wie Feuer,

die Felsen bersten durch ihn.
Gut ist der HERR.
Er ist ein Zufluchtsort am Tag der Bedrängnis;
und er kennt die, die sich bei ihm bergen.
Doch mit einer überschwemmenden Flut
wird er ihrem Ort ein Ende machen,
und Finsternis wird seine Feinde verfolgen.« (Nahum 1,2-8)

Nur wer Gott kennt und seine Heiligkeit fürchtet (siehe Psalm 33,8), wird sich gerne unter seine gute Autorität stellen und durch sein Vertrauen auf Gottes Macht ein Leben führen, das Gott gefällt. Nur wer Gott kennt, wird seine Berufung leben.

Doch was heißt »Gott kennenlernen« ganz praktisch? Erinnerst du dich an das Beispiel der Astronomen von Kapitel 1? Sie erforschen die Sterne durch ihr ausgestrahltes Licht, und so müssen wir Gott daran erkennen, wo er sich zeigt: im Wort Gottes.

Deshalb hat persönliches Bibelstudium absolute Priorität im Ausüben unserer Berufung (mehr dazu in Kapitel 6). Es ist irgendwie merkwürdig, dass es so einfach ist. Unser Ziel ist es, das erhabenste Wesen im Universum zu studieren! Aber wir tun das nicht, indem wir in die dichten Urwälder des Amazonas vordringen oder in die Tiefen der Ozeane tauchen, die entlegensten Himmelskörper betreten oder die kleinsten Elementarteilchen im Kosmos beschreiben, unseren Geist in den härtesten Schulen körperlicher Askese bändigen lernen oder die größten politischen Errungenschaften erstreben. Der Weg zur Erkenntnis des erhabensten Wesens ist der demütige Weg des Gebets: »Herr, zeige dich mir!«, und das unscheinbare Lesen eines Buches, der Bibel.

Sprüche 2,1-9 sagt Folgendes: Betendes, fleißiges, sehnsüchtiges Suchen in Gottes Wort ist die Basis für die Gottesfurcht und Erkenntnis Gottes. Diese wiederum führt dazu, dass wir Gottes gute Berufungen für uns ausleben (siehe Vers 9). Wenn wir aber den Berufenden nicht verstehen, werden wir erst recht an seiner Berufung vorbeileben.

Für alle Ehemänner oder Ehefrauen, Väter oder Mütter, Arbeitnehmer, Zeugen Jesu, Gemeindemitarbeiter ist das die täg-

liche Herausforderung: Gott absolut an erste Stelle zu setzen. Praktisch heißt das: Zeit und Konzentration für Anbetung, Gebet und Bibellesen als wichtigsten Termin am Tag einzuplanen. Aber es bedeutet auch, Gott zu bitten, dass er uns belebt, sodass wir ihn lieben mit unserem ganzen Sein und uns an ihm erfreuen: Gott, »willst du uns nicht wieder beleben, dass dein Volk sich in dir erfreue?« (Psalm 85,6).
Nur dann merken wir: Er gibt die Kraft und Weisheit, alle unsere Berufungen zu leben, ohne eine zu vernachlässigen.

Ersatzberufung enttarnt?

Wer diese Priorität der Erkenntnis Gottes nicht setzt, fällt ganz schnell in die Versuchung, einen Aspekt von Gottes Berufung zu stark zu gewichten. Hier müssen wir uns alle hinterfragen. Ich muss meine Perspektive auf die täglichen Pflichten meiner Berufung immer wieder neu ausrichten: Habe ich immer noch diese eine große Priorität, Gott zu erkennen? Oft muss ich mir selbst sagen: »Du beginnst am falschen Ort! Du rückst Dinge ins Zentrum, die eher am Rand stehen sollten!«
Die Tatsache, dass die Auswirkung von Gottes Berufung auf verschiedene Lebensbereiche (z. B. Beruf, Ehe, Familie, Gemeindearbeit) sehr erfüllend sein kann, ist gefährlich. Wir neigen dazu, einen oder mehrere Bereiche überzubetonen, während wir andere vernachlässigen. Der Fokus auf Gott und auf sein Wesen (wer er ist) hilft uns, die Prioritäten wieder neu zu ordnen. Manchmal hätte ich Lust, noch »ein bisschen mehr« für meine Arbeit zu tun als nötig, während meine Frau zu Hause eigentlich meine Hilfe braucht, weil z. B. unser Kind quengelt. Aber jeder meiner Atemzüge gehört dem Herrn! Er hat mich berufen, *in allen Bereichen meines Lebens treu zu sein.* Gehorsam zu sein, ist erfüllender als tausend Arbeitsstellen!
Diese Gedanken lassen mich oft wieder klar sehen und meine nächsten Pflichten erkennen und anpacken. Dann erkenne ich: Die Arbeit kann dann bis zum nächsten Tag warten. Ge-

rade ist meine Verantwortung als Ehemann und Familienvater wichtiger.

Gottesfurcht ist im Wesentlichen ein inbrünstiges und ehrerbietiges Verlangen, Gottes Willen in allen meinen Taten und Gedanken zu tun und ihm zu gefallen – ähnlich, wie eine jung verheiratete Frau eifrig und hingebungsvoll darum besorgt ist, ihr Zuhause so einzurichten, dass ihr Mann sich darin wohlfühlt. Wer gottesfürchtig ist, fürchtet sich davor, Gott durch Ungehorsam zu missfallen und gegen seine Gnade zu sündigen, ähnlich wie die junge Frau aus Liebe geradezu ängstlich um die Wünsche ihres Mannes besorgt ist (vgl. 5. Mose 10,12-15): »Was denkt Gott gerade über mich? Was würde er denn in dieser Situation von mir wollen?« Das sind gesunde Gedanken. Unter anderem helfen sie uns, unsere Prioritäten zu sortieren.

Diese Gedanken lassen aber nach, wenn die Zeit mit Gott nicht an erster Stelle steht. Meine Frau und ich lernen gerade, wie wir mit einem Kleinkind unseren Alltag immer noch so gestalten, dass das Bibellesen neben den täglichen Pflichten nicht untergeht. Sie erzählte mir vor kurzem von einer Frau, die es sich zur Angewohnheit gemacht hatte, unter dem Tischtuch zu beten. Wann immer sie dort unter der Tischdecke war, wussten die Kinder, dass Mama gerade ungestört sein wollte.

Die Frau mit der Tischdecke wollte Gott kennen. Sie nahm ihre Berufung ernst. Ihre Prioritäten waren richtig.

Erinnerst du dich an das Beispiel von Lina, der Putzfachkraft? Sie hatte alles getan, nur nicht ihre eigentliche Aufgabe erfüllt. So geht es uns auch, wenn wir Gottes Berufung leben, ohne mit aller Kraft heilig zu leben, ohne ihn kennen lernen zu wollen. Wir müssen bei Gott und seinem Wesen beginnen, wenn wir unsere Berufung leben wollen.

Gott zu kennen befreit vom Tunnelblick

Vielleicht könnte man hier einwenden, dass ich Berufung zu sehr vereinfache. »Du musst nur Gott kennen, dann erübrigt

Wo beginnen?

sich der Rest deiner Berufung!« Das klingt doch ziemlich naiv! Und doch glaube ich, dass es so ist. Das größte Problem der Christen ist *nicht*, dass sie zu wenig Gabentests machen oder zu wenig Bücher über Christen lesen, die Gottes Berufung gelebt haben. Unser größtes Problem ist, dass wir *meinen* Gott zu kennen, ohne ihn *tatsächlich* so zu kennen, *wie er sich selbst in der Bibel vorstellt*.

Wenn der Fokus nicht mehr auf der Frage ruht: »Wer ist Gott?«, neigen wir dazu, die Weite von Gottes Berufung nicht mehr zu sehen. Wir entwickeln gerade dann einen Tunnelblick.

Ein eingeschränkter Fokus oder ein Tunnelblick könnte zum Beispiel auf einem der folgenden Punkte gerichtet sein:

1. Wir sehen nur *einen* Aspekt von Berufung, z. B. vollzeitliche Gemeindedienste.
2. Wir denken nur noch über uns selbst nach.
3. Wir fokussieren irgendeinen Moment in der Zukunft und nicht unsere Berufung im Hier und Jetzt.

Wenn wir unseren Blick zu stark auf Berufung selbst fokussieren statt auf den Berufenden, warten oft schon die ersten Enttäuschungen auf uns:

Zum ersten und dritten Fall: Sehen wir nur einen spezifischen Aspekt von Berufung, zu einer bestimmten Zeit, können wir leicht enttäuscht werden, weil wir den entscheidenden »Ruf Gottes« für diese besondere Lebensaufgabe vielleicht gar nie wahrnehmen.

Zum zweiten Fall: Hier werden wir bald über uns selbst enttäuscht und unsere ›Dienste‹ für Gott geben uns nicht die Anerkennung oder die persönliche Erfüllung oder die Erfolge, die wir doch eigentlich erwartet hatten.

Suchen wir hingegen mit aller Kraft, Gott kennen zu lernen, gibt uns das einen klaren Blick auf unsere Berufung. Wie David können wir dann zu Gott sagen: »Du stellst meine Füße auf weiten Raum« (Psalm 31,9). Die Bibel nennt diesen weiten, klaren Blick auf das Leben und auf unsere Berufung auch »Weisheit«

(mehr dazu in Kapitel 6). Diese Weisheit schützt uns unter anderem vor den genannten Enttäuschungen.

Doch es gibt noch einen weiteren Grund, warum wir alle anderen Aspekte unserer Berufung der Erkenntnis Gottes unterordnen sollten.

Wer bei Gott beginnt, dem wird geholfen

Wenn ich Gottes Priorität hochhalte, ihn selbst über alles zu kennen und zu lieben, dann erlebe ich: Gott wird mich nie zu etwas berufen, wozu er mich nicht befähigt.[34] Wenn wir Gott kennen lernen, dann erleben wir seine mächtige Hilfe.

Gott sagte durch Jesaja (Jesaja 41,8-10) zum Volk Israel, welches er »auserwählt« (V. 8) und »berufen« (V. 9) hatte: »Fürchte dich nicht, ich bin mit dir; weiche nicht, denn ich bin dein Gott; ich stärke dich, ich helfe dir auch, ich erhalte dich durch die rechte Hand meiner Gerechtigkeit.« (V. 10; LUT 2017).

Vielleicht hast du es gemerkt: Von unserem Ruf, Söhne und Töchter Gottes zu werden, bis hin zu spezifischen Berufungen, ist es *absolut unmöglich* für einen Menschen, Gottes Berufung auszuleben – außer für den Christen! Wir sollen tatsächlich Gott im Alltag, an der Arbeitsstelle, in unserer Ehe und Kindererziehung, in unserem Eifer für Verlorene, in unserem Dienst in der Gemeinde *nachahmen*? Unmöglich – bis Gott durch den Heiligen Geist in unser Leben einzieht. Und Gott kann sich selbst natürlich sehr gut nachahmen.

Gott ist der Rufende, aber er ist auch der, der befähigt, gemäß seiner Berufung zu leben. Das gilt für alle, die er auserwählt und beruft.

---

[34] Gottes Berufungen gehen Hand in Hand mit seinen Gnadengaben. Im 2. Buch Mose berief Gott Bezaleel und Oholiab zum Bau der Stiftshütte und er gab ihnen durch seinen Geist die Fähigkeiten, die sie dazu brauchten (2. Mose 35,30–36,2). Dieses Prinzip wird z. B. auch in Römer 11,29 angedeutet.

Wo beginnen?

Wir wollen im folgenden Kapitel noch einen weiteren Aspekt unserer Berufung behandeln. Anschließend werden wir uns mit dem Thema »Gottes Führung« auseinandersetzen. Welche Rolle spielen dabei meine Gaben? Wie soll ich Entscheidungen fällen?

Aber zunächst noch einmal: Gott wird mich nie zu etwas berufen, wozu er mich nicht befähigt.

Diese Tatsache macht mir persönlich viel Mut, gerade wenn es um den folgenden Aspekt biblischer Berufung geht ...

4 Christusähnlich leiden

Denn euch ist es im Blick auf Christus geschenkt worden, nicht allein an ihn zu glauben, sondern auch für ihn zu leiden, da ihr denselben Kampf habt, wie ihr ihn an mir gesehen habt und jetzt von mir hört. (Philipper 1,29-30)

... dass niemand wankend werde in diesen Bedrängnissen. – Denn ihr selbst wisst, dass wir dazu bestimmt sind. (1. Thessalonicher 3,3)

Denn hierzu seid ihr berufen worden; denn auch Christus hat für euch gelitten und euch ein Beispiel hinterlassen, damit ihr seinen Fußspuren nachfolgt. (1. Petrus 2,21)

»Zum Leiden bestimmt!« – Eine ungewöhnliche Perspektive auf Berufung, nicht wahr? Anne van der Bijl, genannt Bruder Andrew, Gründer der Missionsgesellschaft *Open Doors* (auch »der Bibelschmuggler« genannt), soll einmal in einer Gesprächsrunde mit leitenden Brüdern Folgendes gefragt haben: »In der Bibel steht, dass wir ›durch viel Leiden ins Reich Gottes hineingehen müssen‹ (Apostelgeschichte 14,22). Wie setzt ihr das um?« Die Reaktion war beklemmendes Schweigen.

Wenn ein junger Moslem oder Hindu sich zu Jesus bekehrt und ihn öffentlich bekennt, beginnt automatisch ein Leidensweg. Viele werden sogar von ihrer eigenen Familie verfolgt! Deswegen ist die Versuchung groß für ehemalige Muslime, die sich zum Christentum bekehrt haben, von ihrem Glauben nicht weiterzuerzählen.

Wir im Westen würden solche Christen zurecht dazu ermutigen, es trotzdem zu tun. Jesus sagte:

»Ihr seid das Licht der Welt. Eine Stadt, die auf einem Berg liegt, kann nicht verborgen bleiben. Man zündet doch nicht eine Lampe an und stellt sie dann unter einen Kübel. Im Gegenteil: Man stellt sie auf den Lampenständer, damit sie allen im Haus Licht gibt. So soll euer Licht vor den Menschen leuchten ...« (Matthäus 5,14-16, NeÜ).

»Wer sich vor den Menschen zu mir bekennt, zu dem werde auch ich mich vor meinem Vater im Himmel bekennen. Wer mich aber vor den Menschen nicht kennen will, den werde auch ich vor meinem Vater im Himmel nicht kennen« (Matthäus 10,32-33).

Wir ermahnen also zurecht solche Christen, die sich vor ihrer eigenen Familie nicht zum Glauben bekennen. Aber leben wir eigentlich selbst das, was wir von ihnen erwarten?

In einer christenfeindlichen Kultur sind Christen zum Leiden berufen, z. B. indem sie Ablehnung erfahren. Aber in Kulturen, wo man als Christ nicht verfolgt wird, sind Christen *ebenfalls zum Leiden berufen*. Nur vielleicht auf andere Weise.

Jesus lehrt ganz klar: Wer mir nachfolgen will – also seine Berufung leben möchte –, muss Leiden auf sich nehmen!

»Wenn jemand mir nachkommen will, verleugne er sich selbst und nehme sein Kreuz auf und folge mir nach! Denn wer sein Leben retten will, wird es verlieren; wer aber sein Leben verliert um meinetwillen und um des Evangeliums willen, wird es retten.« (Markus 8,34-35)

Das »Kreuz auf sich nehmen« bedeutet: sich bewusst für Leiden um Jesu willen zu entscheiden (hier sind also keine Krankheiten oder Ähnliches gemeint).[35] Der Jünger Jesu sollte bereit sein,

---

35 Für eine gründlichere Auseinandersetzung mit diesem Text sowie auch für

Christusähnlich leiden

selbst einen qualvollen, demütigenden Tod zu sterben, weil Jesus ihm darin buchstäblich vorangegangen ist.

Doch wie sieht Leiden für mich aus? Hier in Deutschland, wo ich diese Zeilen schreibe, muss ich keine Verfolgung fürchten, zumindest keine Gewaltsame. Ich muss mich nicht allzu sehr fürchten, inhaftiert zu werden, nur weil ich ein christliches Buch schreibe. Wie könnte Leiden in meinem Leben aussehen?

Denke einmal darüber nach: Wieso leiden die verfolgten Christen? Sie leiden letztlich, weil sie Feinde haben. Aber wer ist der eigentliche Feind? Wer ist unser »Widersacher«, der »umhergeht wie ein brüllender Löwe und sucht, wen er verschlingen kann«? Es ist »der Teufel« (siehe 1. Petrus 5,8).

In religiös unfreien Ländern ist Satans größte Waffe im Kampf gegen die Christen die Verfolgung. In freien Ländern sind seine Waffen heimtückisch: Er bekämpft Glauben mit *Ablenkung*.

Ablenkung oder Leiden?

Auch Jesus warnt vor der Gefahr, die durch Satans Waffe der Ablenkung besteht. In Lukas 8, im Gleichnis vom Sämann, finden wir eine Gegenüberstellung verschiedener Gründe, warum Menschen, die anfangs zu glauben scheinen, schließlich wieder vom Glauben abfallen:

»Die Menschen, die dem felsigen Boden entsprechen, hören das Wort und nehmen es freudig auf. Aber sie haben keine Wurzeln. Eine Zeit lang glauben sie, doch wenn eine *Zeit der Prüfung* kommt, wenden sie sich wieder ab.

Andere Menschen entsprechen der Saat, die unter die Disteln fällt. Sie haben die Botschaft gehört, sie aber im Lauf der Zeit *von den Sorgen, vom Reichtum und den Genüssen des*

---

eine Behandlung falscher Deutungen siehe: Donald A. Carson: *Stolpersteine der Schriftauslegung: Wie man sorgfältig und korrekt mit der Bibel umgeht.* Oerlinghausen: Betanien Verlag 2007. S. 100-102.

Lebens ersticken lassen, sodass keine Frucht reifen kann.« (Lukas 8,13-14, Hervorhebung vom Autor)

Das Hauptproblem in islamischen oder hinduistischen Kulturen sind die schweren Prüfungen der Verfolgung (V. 13). Das Hauptproblem im Westen – bei uns – sind die »Disteln« (V. 14). Die Sorgen, der Reichtum und die guten Dinge im Leben (die »Genüsse des Lebens«). Sie lenken uns von dem wirklich Wichtigen im Leben ab: Gott zu genießen, uns an ihm zu erfreuen und ihn dadurch zu ehren.
Der Pastor und Theologe John Piper schreibt dazu:

> »Was droht, unseren Hunger für Gott am schnellsten zu ersticken? Nicht Gift, sondern Apfelkuchen! Es sind nicht die Festmähler der Bösen, die unseren Appetit auf den Himmel dämpfen, sondern das endlose Knabbern am Tisch der Weltlichkeit. Es sind nicht die XXX-Filme, sondern der Trivialitätssabber, dem wir jeden Abend unsere Aufmerksamkeit schenken. [...] Der größte Widersacher unserer Liebe zu Gott sind nicht seine Feinde, sondern seine guten Gaben. Und der tödlichste Appetit gilt nicht dem Gift des Bösen, sondern den einfachen Vergnügungen dieser Welt. Denn wenn diese unseren Appetit auf Gott ersetzen, ist dieser Götzendienst fast nicht erkennbar und praktisch unheilbar. [...] Die ›Genüsse des Lebens‹ (Lukas 8,14) und ›Begierden nach den übrigen Dingen‹ – diese sind nicht an sich böse. Das sind keine Laster. Es sind Gottes gute Gaben: Dinge wie dein Fleisch und deine Kartoffeln, Kaffee und Gartenarbeit und Lesen und Dekorieren und Reisen und Investieren und Fernsehschauen und Internetsurfen und Shoppen und Sammeln und Reden. Alle diese Dinge können tödliche Ersatzgötter werden.«[36]

Leiden für Gott bedeutet in unserer Kultur, dass wir bereit sind,

---

[36] John Piper, David Platt, Francis Chan: *A Hunger for God: Desiring God Through Fasting and Prayer.* Wheaton, Ill.: Crossway 2013, S. 18.

Christusähnlich leiden

manchmal auf Genüsse zu verzichten. Wir müssen *alles* ablegen, was uns daran hindert, Jesus zu lieben. Das beinhaltet nicht nur die Sünde! Hebräer 12,1 macht klar, dass wir »jede Bürde« ablegen sollen, *zusätzlich* zur »uns so leicht umstrickenden Sünde«. Das heißt, wir müssen im »vor uns liegenden Wettlauf« nicht nur die Sünde ablegen, sondern *alles,* was uns daran hindert, den »Wettlauf mit Ausdauer zu laufen«. Ähnlich wie ein Triathlet, der bei einem Ironman nur das Nötigste mitnimmt und alles Unnötige ablegt. Solcher Verzicht bringt Leiden mit sich.

Wie die meisten meiner Generation habe ich eine Vorliebe für Unterhaltung. Unsere Generation liebt es, sich von spannenden Dingen berieseln zu lassen. Auf YouTube lässt es sich leicht von Video zu Video zu klicken. Wir scrollen sogar lieber durch den Feed mit Social-Media-Kuriositäten als uns der realen Welt zu stellen. Wir haben aufgehört, uns für unseren Serienkonsum zu schämen und nennen uns selbst »Serien-Junkies«. Die meisten meiner Generation denken und handeln so in ihrer Freizeit. Und noch viel mehr sind in Gefahr, in diesen Strudel hineingezogen zu werden. Wer sich keine strikten Grenzen setzt, lässt Stunde um Stunde an wertvoller Zeit den »Trivialitätssabber« in sich hineinfließen und jegliches Feuer für Jesus erlöschen.

Für einige Jahre habe ich ganz auf ein Smartphone verzichtet. Durch Gottes Gnade wurde mir bewusst, wie ich damit einfach nicht zu seiner Ehre umgehen konnte. Ich verzichtete auf Internetzugang in meiner Wohnung und ließ meinen Laptop an der Arbeitsstelle. Ich rede oft mit Jugendlichen und Leuten in ihren Dreißigern, die eigentlich die gleichen Schritte unternehmen und auf ihre Gadgets, Netzzugänge oder Abos verzichten sollten. Ich bin mittlerweile überzeugt, dass wahre Nachfolge für viele von uns Hand in Hand mit solch einem Verzicht geht. Aber Verzicht ist natürlich unbequem. Verzicht bedeutet Leiden und Disziplin.

Wie viele andere kann ich bestätigen, dass der Appetit auf diese Dinge mit der Zeit abnimmt. Die Freiheit, mit der Medienwelt wieder normal umgehen zu können, wächst. Durch den Verzicht auf *Ablenkung* – zugunsten einer *Hinlenkung* zu Gott – kommen ganz sicher Freude und Erfüllung durch die Gemeinschaft mit Ihm! Gott bleibt uns niemals in irgendeiner Sache etwas schuldig. »Und ein jeder, der Häuser oder Brüder oder Schwestern oder Vater oder Mutter oder Kinder oder Äcker um meines Namens willen verlassen hat, wird hundertfach empfangen und ewiges Leben erben« (Matthäus 19,29); und »dies aber ist das ewige Leben, dass sie dich, den allein wahren Gott, und den du gesandt hast, Jesus Christus, erkennen« (Johannes 17,3). Wir sind berufen, Ablenkung abzulegen, um das *wahre Leben* zu ergreifen!

Warum fehlt es in so vielen Gemeinden an geistlichem Leben? Warum sind unsere Gemeinden so voll mit Menschen, die so leer sind in der Erkenntnis und Liebe zu Gott? Wie viele Christen kennst du, die beim Reden über Jesus noch einen gewissen Respekt, ja eine stille Furcht, gemischt mit Bewunderung und Liebe ausstrahlen? Es sind nur wenige. Der Weg dahin führt über Bibelstudium, Gebet, Einsamkeit, Gehorsam und Demut. Das sind die Schlüssel dazu, Gott zu kennen. Das erfordert Opfer. Und wer Opfer bringt, leidet. Wir leiden, wenn wir auf die TV-Serie verzichten, von der alle anderen so schwärmen. Wir leiden, wenn wir unsere frühen Morgenstunden auf unseren Knien verbringen und auf den Genuss des Ausschlafens verzichten. Wir leiden, wenn wir nicht den einfachen Weg, sondern den schmalen, unbequemen Pfad der Nachfolge gehen (Matthäus 7,14; Lukas 13,24).

Ich fasse zusammen: Gute Dinge in unserem Leben können sehr schnell zu einem Ersatzgott werden. Verzicht auf diese guten Dinge ist ein Teil unseres Rufes, Gott zu dienen, der unser ganzes Leben will. Aber wie viel mehr sollten wir radikal mit Dingen oder Situationen umgehen, die uns zu konkreten Sünden verleiten!

Kampf gegen Sünde bedeutet Leiden

Wir alle erleben Situationen oder wissen um Dinge, die uns zur Sünde verleiten wollen. Jesus selbst wählt verblüffend starke Worte, um uns davor zu warnen:

Christusähnlich leiden

»Wenn deine Hand dich zur Sünde verleitet, so hau sie ab! Es ist besser für dich, als Krüppel in das Leben hineinzugehen, als mit zwei Händen in die Hölle zu kommen, in das unauslöschliche Feuer« (Markus 9,43, siehe auch Verse 45-47 und Matthäus 5,27-30).

Die Warnungen Jesu sind keine überzeichneten rhetorischen Stilmittel. Er meint es absolut ernst, wenn er vor dem Feuer der Hölle warnt. Wenn wir echten Glauben haben (siehe dazu Kapitel 8 und 9) kann uns nichts mehr von der Liebe Gottes trennen (Römer 8,33.38-39). Aber echter Glaube glaubt auch an die Warnungen der Bibel. Dieser Glaube wird uns nicht *leichtfertig* sündigen lassen.

Es ist erstaunlich, wie leichtfertig manche bekennenden Christen mit Sünde umgehen. Sie wissen z. B. genau, dass sie ein Pornographie-Problem haben, wollen aber aus Bequemlichkeit nicht auf den Internetzugang verzichten!

Meine Frau und ich arbeiten als Betreuer in einer Lebensgemeinschaft für Jugendliche mit Lebensproblemen aller Art. Eine dieser Hilfesuchenden war süchtig nach Filmen und verstrickte sich als Konsequenz dieser Sucht in einer Lügenwelt – z. B. indem sie wegen Filmen ständig auf der Arbeit fehlte, mit der Begründung, sie sei krank. Nach einigen Wochen im geschützten Rahmen sollte sie wieder in ihr normales Leben zurückkehren. Daraufhin erlebte sie einen Rückfall. Bei ihrer erneuten Anreise im Help Center sagte sie uns, dass sie von ihrer Sucht frei werden wollte, packte aber als erstes einige DVDs aus ihrem Koffer. Sie war nicht bereit, radikal gegen ihre Versuchung anzugehen. Sie wollte ein Leben als Christin führen, zeigte aber durch ihr Handeln, dass sie keinen wirklichen Schlussstrich mit der Medienwelt ziehen wollte.

Wir sind leidensscheu im Umgang mit Versuchungen, also Situationen oder Dingen, die uns zur Sünde verleiten. Wir haben den Ruf Jesu vergessen: »Wacht und betet, damit ihr nicht in Versuchung kommt!« (Markus 14,38). Und an einigen Stellen macht die Bibel unmissverständlich klar: Wenn jemand in der Sünde verharrt, bleibt er im Tod und wird das Reich Gottes nicht erben (Matthäus 5,20ff; Römer 8,13, siehe auch Galater 5,21; Epheser 5,5; Hebräer 12,14)!

Jesus sagte seinen damaligen Zuhörern: »Verzichtet lieber auf eure Hand, euren Fuß, euer Auge, als dass ihr Versuchung zur Sünde in eurem Leben duldet« (nach Matthäus 5). Er benutzt eine sehr drastische Metapher, um zu sagen: »Seid im Kampf gegen Sünde so radikal, dass ihr sogar auf eure Lebensgrundlage verzichten würdet, wenn es sein muss.«[37]

Stellen wir uns einen Informatiker vor. Er bekehrt sich zu Jesus und stellt dann fest, dass er gewisse Süchte im Zusammenhang mit dem Internet nicht unter Kontrolle hat. Er muss also – im Bild gesprochen – »die Hand abhacken«, d. h. seinen Internetzugang oder vielleicht seinen privaten Laptop beseitigen. Unter Umständen muss er sogar das Programmieren aufgeben. Das bedeutet Leiden im Kampf gegen die Sünde (Hebräer 12,7-11). Gott könnte ihn unmittelbar von seiner Schwäche heilen. Aber er will uns zur Heiligkeit erziehen, damit wir reifen und standhaft werden. Deshalb nimmt er uns die Schwierigkeiten nicht weg, sondern lässt uns darunter leiden, bis wir »geübt« sind (V. 11), damit richtig umzugehen.

Leiden und das Evangelium

Ich weiß nicht, wie es dir ergeht, wenn du diese Bibelstellen liest. Sie sind schockierend, nicht wahr? Sollte Berufung wirklich so »radikal« sein? Jesus scheint es immer wieder zu bestätigen:

> »Wenn jemand mir nachkommen will, verleugne er sich selbst und nehme sein Kreuz auf und folge mir nach! Denn wer sein Leben retten will, wird es verlieren; wer aber sein Leben verliert um meinetwillen, wird es finden.« (Matthäus 16,24-25)

---

[37] Die meisten seiner Zuhörer übten handwerkliche Berufe aus. Ohne Hand oder Fuß wäre ihre Lebensgrundlage nicht mehr gesichert gewesen.

Christusähnlich leiden

Was werden die Jünger Jesu gedacht haben? Sie waren bestimmt genauso schockiert, wie wir – vorausgesetzt, wir haben die Tragweite seiner Forderung verstanden.

Ich tendiere dazu – gerade beim Thema Leiden –, alle Hoffnung auf mich selbst zu verlieren. Werde ich es schaffen, Jesus selbst im Leid nachzufolgen? Wenn ich *einen* Gehorsamsschritt gegangen bin, sehe ich noch fünf weitere Bereiche in meinem Leben, wo ich verzichten oder loslassen müsste. Aber werde ich das schaffen? Wenn du diese Gedanken hast, dann sei ermutigt. Das ist genau das, was Gottes Forderungen bei uns bewirken sollten: Ein wirkliches Verständnis unserer Berufung *treibt uns zu Gott* und zu seiner Hilfe. Wer Berufung leben will – und damit unweigerlich mit seinem eigenen Versagen konfrontiert wird – braucht das Evangelium.[38]

Christus litt hoffnungsvoll

Niemand mag Leiden an sich. Wir verzichten nicht gerne. Verzicht ist, wie alle anderen Formen des Leidens, einfach unangenehm. Trotzdem redet die Bibel *hoffnungsvoll* über unsere Berufung zu leiden. Paulus wagt sogar an die Philipper zu schreiben, dass die Leiden der Christen ein *Geschenk Gottes* sind (Philipper 1,29)!

Paulus wusste, dass ihm Leiden zum Guten mitwirken muss (Römer 8,28). Leiden ist für Christen nicht Schreckensherrscher, sondern Sklave. Leiden *dient* uns zum Besten. Leiden wird deshalb nicht irgendwie angenehm oder baut unser Ego auf, sondern Leiden macht uns Christus ähnlicher und dient letztlich unserer gegenwärtigen Freude und unserem ewigen Glück!

Paulus kann deshalb voller Hoffnung behaupten, »dass die Leiden der jetzigen Zeit nicht ins Gewicht fallen gegenüber der zukünftigen Herrlichkeit, die an uns offenbart werden soll« (Römer 8,18).

Petrus sagt, dass wir *gerade im Leiden Jesus nachahmen* sollen:

---

[38] Siehe dazu auch Kapitel 7 und 9.

»Wenn ihr aber ausharrt, indem ihr Gutes tut und leidet, [...] hierzu seid ihr berufen worden; denn auch Christus hat für euch gelitten und euch ein Beispiel hinterlassen, damit ihr seinen Fußspuren nachfolgt; der [...] leidend, nicht drohte, sondern sich dem übergab, der gerecht richtet [...]; durch dessen Striemen ihr geheilt worden seid.« (1. Petrus 2,20-24)

Jesus übergab sich dem, »der gerecht richtet« (V. 23); er glaubte und vertraute völlig auf Gottes gerechtes Gericht. Sein Blick war auf den gerechten Gott gerichtet, der am Ende die Gerechten belohnen wird. Dieser Blick ist hoffnungsvoll und auf eine hoffnungsvolle Zukunft gerichtet (vergleiche Hebräer 11,6 und 12,1). Deswegen sind wir Christen nicht *nur* zum Leiden, sondern auch »zu einer Hoffnung berufen« (Epheser 4,4). Unsere Berufung – auch die zum Leiden – ist mit Hoffnung verbunden (nach Epheser 1,18).

Jesus sah nach vorne, auf die »vor ihm liegende Freude«. Das wiederum gab ihm Kraft, seine Leidensberufung zu leben (Hebräer 12,2). Wenn Jesus diese Motivation kannte, sollten wir sie nicht auch üben? Er hat schließlich mehr gelitten als wir alle.[39] Trotzdem behielt er die Zuversicht, den hoffnungsvollen Blick auf die vor ihm liegende Freude.

Leiden kann äußerst brutal sein. Manchmal überkommt uns Leid wie ein Fausthieb in den Magen, der uns die Luft wegnimmt. Gerade Leid, das uns scheinbar zufällig trifft, scheint auch oft völlig sinnlos zu sein. Aber viele Christen können bezeugen: Selbst in diesen Momenten, wo wir die Schrecken und Brutalität von Leiden und die zehrenden Leiden des Verzichts hautnah erleben, selbst wenn Leid sich über Tage, Wochen oder

---

39 Jesus litt nicht »nur« unter den körperlichen Qualen der Geißelung und des Kreuzes oder unter den psychischen Schmerzen, die dadurch entstanden, dass er von engsten Freunden verlassen und verraten wurde. Jesus litt auch seelische Not durch die Ausgießung des Zornes Gottes am Kreuz, wo er für uns zur Sünde gemacht wurde, durch die Erfahrung der Gottverlassenheit aufgrund unserer Sünde und Schuld (Römer 3,25; Jesaja 53,5.10; 2. Korinther 5,21).

Christusähnlich leiden

Jahre hinzieht, selbst dann können wir im Glauben einen tiefen inneren Frieden und eine Sehnsucht auf die noch kommende Zeit erleben, wo Christus direkt, sichtbar und heilend herrschen wird.

Kannst du dich noch erinnern, was wir bei der Ehe gesehen haben? Gott hilft uns, die große Verantwortung, die mit Ehe und Familie einhergeht, zu tragen, indem er uns in der Ehe und im Familienleben viele schöne Gaben gibt (Geborgenheit, Sexualität, Schutz, Freude an den Kindern, etc.). Bei der Berufung zum Leiden ist es auch so. Als »Mitgift« für diese Berufung schenkt Gott uns die Gabe der Hoffnung.[40] Auch hier sehen wir, dass Gott uns nie zu etwas berufen wird, wozu er uns nicht befähigt. Gott weiß, was wir ertragen können. Wenn wir unter der Last der Umstände verzweifeln, sagt Gott: »Ich werde mit der Versuchung auch den Ausgang schaffen, sodass ihr sie ertragen könnt« (nach 1. Korinther 10,13).

Gerade beim Thema Leiden wird schnell klar: Das konkrete *Ausleben* von Gottes Berufung wird bei uns allen sehr unterschiedlich aussehen. Zum Teil liegt das daran, dass wir Jesus in jeweils verschiedenen Lebensumständen nachfolgen. Teilweise liegt es aber auch daran, dass wir mit unterschiedlichen Schwächen und Versuchungen zu kämpfen haben.

Diese Unterschiedlichkeit im Ausleben von Gottes Berufung zeigt sich in vielen Bereichen unseres Lebens. Es ist *ein* Gott, der ruft. Aber wir weisen unterschiedliche Charaktere und Begabungen auf (nach Epheser 4,4.7.11). Gott ist jedoch nicht überfordert mit dieser Fülle an Verschiedenheit, die er in uns hineingelegt hat. Was es mit diesen individuellen Gaben Gottes in meinem und deinem Leben auf sich hat, darum geht es im folgenden Kapitel.

---

40 Nach Römer 5,3-5 ist Leiden beim Christen sogar eine »Produktionsstätte« für Hoffnung. Leiden bewirkt durch den Heiligen Geist ein hoffnungsvolles Leben. Diese Hoffnung stärkt uns dann, wenn wir erneut leiden müssen.

5 Begabung und Geistesgaben

Was aber die geistlichen Gaben betrifft, Brüder, so will ich nicht, dass ihr ohne Kenntnis seid. (1. Korinther 12,1)

Wie jeder eine Gnadengabe empfangen hat, so dient damit einander als gute Verwalter der verschiedenartigen Gnade Gottes! Wenn jemand redet, so rede er es als Aussprüche Gottes; wenn jemand dient, so sei es als aus der Kraft, die Gott darreicht, damit in allem Gott verherrlicht werde durch Jesus Christus, dem die Herrlichkeit ist und die Macht von Ewigkeit zu Ewigkeit! Amen. (1. Petrus 4,10-11)

Berufung und Gaben gehen Hand in Hand, »denn die Gnadengaben und die Berufung Gottes sind unbereubar« (Römer 11,29). Gott wird mich nie zu etwas berufen, wozu er mich nicht begabt. Dieses Prinzip zieht sich durch alle Facetten von Gottes Berufungen.

Jeder Christ hat nach 1. Petrus 4,10 mindestens eine geistliche Gabe. Gaben sind aber nicht immer offensichtlich. Ähnlich wie die Frucht des Geistes (Galater 5,22) müssen sie kultiviert, gepflegt und geübt werden (V. 25) – wie eine junge Pflanze, die täglich gegossen werden muss.

Gottes Gaben sind dafür da, benutzt und gebraucht zu werden (1. Petrus 4,10), ähnlich wie unsere Muskeln und Gelenke (Hebräer 12,12-13) oder ein kleines Feuer, das man anfachen muss, wie der Apostel Paulus seinen Schüler Timotheus erinnerte (2. Timotheus 1,6).

Da mein Vater in den Schweizer Bergen aufgewachsen ist, hatten meine beiden Schwestern und ich relativ früh Skiunterricht. Für mich wurde das Skifahren ein regelmäßiges Hobby, und ich begann irgendwann auch anderen zu helfen, das Skifahren zu erlernen.

Dabei staunte ich manchmal, dass einige das Skifahren in nur wenigen Tagen lernen konnten. Manche aber taten sich unglaublich schwer. Unter anderem liegt das daran, dass die zweite Gruppe immer zu viel nachdenkt. Ja, sie wollen sich den Berg »runterdenken«. »Gleich muss ich dann wirklich die Kurve kriegen, dann muss ich erst mit diesem Ski so ..., und dann das Gewicht verlagern, ... oder wie war das nochmal mit den Kanten ...?« – Hoffnungslos! Wenn du Skifahren lernen willst, musst du irgendwann »einfach drauflosfahren«. Du lernst durch Fehler und Übung, nicht durch Nachdenken über jede Bewegung auf den Skiern. Man kann schnell zu sehr auf seine Haltung, Skier und die Piste fokussiert sein und dabei erstens völlig verkrampft aussehen, zweitens keinen Fortschritt erzielen und drittens jeglichen Spaß an der Sache verlieren.

Ähnlich ist es bei unseren Gaben. Gaben werden entdeckt und gefördert auf den rauen Pisten des Lebens. Wenn du vor lauter Gabentests den Wald nicht mehr siehst, liegt das vielleicht daran, dass du noch nie wirklich in die spannende Berufung »heilig zu sein« eingestiegen bist. Für Petrus scheint sehr wichtig zu sein, dass wir – in demütigem Vertrauen auf einen hochbegabten Gott – einfach dienen (1. Petrus 4,10-11). Was spannend ist: Dienen orientiert sich weniger an den Gaben, sondern vielmehr an der Not. Wenn es nur immer darum geht, dass ich meine Gaben entfalte, höre ich automatisch auf zu dienen! Ich übersehe die Not der anderen und verwirkliche mich selbst.

Arbeit sehen und anpacken

Wie sieht es bei dir aus? Lebst du dafür, dass deine Gaben zur Entfaltung kommen, oder lebst du, um zu dienen? Handelst du,

Begabung und Geistesgaben

wenn du siehst, dass Arbeit anfällt? Oder erst dann, wenn du »dich einbringen« oder »dich entfalten« kannst? Vielleicht wäre es eine gute Idee, wenn du mal andere in deinem Umfeld fragst: »Wie schätzt du mich ein? Bin ich jemand, der *Arbeit sieht?*«

Wenn irgendwo Kaugummipapier herumliegt: Bist du der- oder diejenige, der oder die das Papier aufhebt, um es zu entsorgen? Was sind die Arbeiten in deinem Umfeld, die unbedingt erledigt werden müssen? Setzt du dich da ein, wo Not am Mann ist, oder wartest du auf »den perfekten Job« für dich? Siehst du Arbeit oder siehst du nur die Gelegenheiten, mit deinen Gaben zu glänzen?

Ich fürchte, in den Gemeinden wächst eine Generation heran, die einerseits nur dort dienen will, wo sie ihre Gaben einsetzen kann, und paradoxerweise oft nicht weiß, welche Gaben sie überhaupt hat. Man muss sich gar nicht wundern, dass wir oft Mühe haben, überhaupt jemanden für die vielen Aufgaben zu finden. Oft sind es immer die gleichen »Arbeitstiere«, die die Gemeinderäume putzen, Ausflüge organisieren, Kuchen backen oder die Stühle stellen.

Ein Pierre oder eine Nadia?

Der 14-jährige Pierre möchte wissen, wozu ihn Gott berufen hat. Er besucht ein großes, christliches Jugendevent, wo unter anderem folgender Workshop angeboten wird: »Berufung – Finde dein Potential!« Hier im »Hören-vom-Himmel«-Workshop lässt Pierre für sich beten und füllt dann einen Gabentest aus. Er findet heraus, dass seine Begabung im Bereich »Leuten dienen, die leiden« liegt – wahrscheinlich, weil er überdurchschnittlich empathisch ist. Zusätzlich bekommt er ein »prophetisches Wort« mit auf den Weg: Die Frau im »Hören-vom-Himmel«-Workshop hat eine Vision über ihn: Ein Waisenkind ruft nach Pierre und bittet ihn um Hilfe. Nun, denkt Pierre, der Fall ist klar: *Ich muss irgendwann mal nach Afrika. Das ist wohl meine Berufung. Aber das dauert, dazu bin ich ja noch gar nicht alt genug! In meiner Gemeinde gibt es keine Waisenkinder und auch keine »Menschen, die leiden«* (Pierre kennt jedenfalls keine). – Damit beginnt das Warten für ihn. Andere Dinge rücken schnell in den Vordergrund. Er beginnt Fußball zu spielen und investiert darin seine Zeit und Energie bis er – nach dem Abitur – ein »Jahr für Gott« einplant. Auf Instagram teilt Pierre jedes Detail seines Abenteuers »Waisenkindern in Afrika helfen« mit seinen Freunden und kommt unversehrt und pünktlich zum Studienbeginn wieder zurück nach Hause. Das Leben geht weiter. Karriere, Heirat und Hausbau nehmen sein Leben Stück für Stück in Beschlag. Berufung hat er nie gelebt.

Die Beschreibung von Pierre setzt sich zusammen aus Details und Ereignissen aus dem Leben mehrerer Jugendlicher. Ich habe die Zusammensetzung bewusst etwas übertrieben formuliert. Es ist eine Karikatur, aber von einer Denkweise und Einstellung, die ich leider schon oft beobachtet habe. Die Methoden, wie Christen ihre Gaben entdecken wollen, sind vielleicht etwas gründlicher als Pierres Herangehensweise. Aber im Prinzip unterscheiden sie sich kaum. Ich habe, im Gegensatz dazu, meine ehemalige Sonntagsschullehrerin (Nadia) gefragt, ob sie einmal erzählen könnte, wie sie ihre Berufung entdeckt und ihre Gaben gefunden und gefördert hat. Sie ist weder eine Frau, die besonders heraussticht, noch eine Person, die sich um sich selbst, ihre Fähigkeiten und Gaben, dreht. Aber sie wird von Gott an ihrem Platz benutzt, zum Segen für viele. Sie ist mir ein großes Vorbild. Hier ist ihre Geschichte, die ich mit ihrer Erlaubnis hier weitergebe:

»Wie Gott mich in die Arbeit mit Kindern berief«

Kindheit und Jugend
Mit 10 Jahren merkte ich, dass ich Spaß daran hatte, mit kleinen Kindern zu spielen und ihnen Geschichten zu erzählen. Zuhause sangen meine Eltern viel mit meinem Bruder und mir, und so liebte ich Lieder und Musik. Als ich 12 Jahre alt

war, bekam ich meine erste Gitarre. Neugierig brachte ich mir die ersten Griffe bei, um nun selbst Lieder begleiten zu können. Ich ging gerne zur Schule und bewunderte meine Lehrerin. Manchmal träumte ich davon, auch einmal vor einer Schulklasse zu stehen. In meinem Elternhaus und in der christlichen Versammlung, wo wir gerne ein- und ausgingen, hörte ich die frohmachende Botschaft des Evangeliums. Mit 14 Jahren wurde mir auf einmal bewusst: Jesus Christus ist auch für meine Sünden gestorben. Ich übergab meinem Erlöser und Herrn mein Leben und wurde ein Kind Gottes. Von diesem Moment an spürte ich eine große Freude, in der Gemeinde praktisch mitzuhelfen. Die alljährlich stattfindenden Jugendlager und Sonntagschulfeste boten reichlich Gelegenheiten, musikalisch und auch kreativ tätig zu sein. Zwei Jahre später wurde ich gefragt, ob ich die Leitung der kleinen Sonntagschulgruppe übernehmen könnte. Deutlich wurde mir klar, dass Gott mich rief. Doch wie sollte ich das schaffen? Noch nie hatte ich zuvor eine Sonntagschullektion gehalten. Ins kalte Wasser geworfen, lernte ich von nun an mit Gottes Hilfe zu »schwimmen«. Das war der Anfang von sieben segensreichen Jahren im Sonntagschuldienst. Gute Ideen und Hilfen für die christliche Arbeit unter Kindern fand ich in den Lehrstunden der KEB.

Beruf
Nach Abschluss meiner Ausbildung zur Primarlehrerin bestand Lehrerüberfluss. Würde ich eine Anstellung finden? Ja, Gott führte mich an einen Ort mit riesigen Wohnblocks und dementsprechend vielen sozialen Schwierigkeiten. Es war nicht gerade das, was ich mir vorgestellt hatte. Doch ich sah darin die Antwort auf meine Gebete. Gott half mir in den darauffolgenden drei Jahren, viele wertvolle Erfahrungen mit verhaltensauffälligen Schülern zu sammeln. Er lehrte mich Geduld, Flexibilität und Ausdauer.

Oft fragte ich mich, ob ich in die Mission gehen sollte. Zweimal besuchte ich während meiner Ferien meine Verwandten auf einer karibischen Insel, um Einblick in ihre Tätigkeit im Gemeindebau und in der Jugendarbeit zu erhalten. Die Antwort gab mir Gott später.

In der christlichen Gemeinde, die ich besuchte, lernte ich meinen zukünftigen Mann kennen. Er liebte nicht nur mich, sondern auch seinen Beruf als Lehrer. Darum stand nach unserer Hochzeit fest, dass wir unsere Gaben gemeinsam in seiner kleinen christlichen Heimatgemeinde unter den jungen Leuten einbringen wollten und er weiter seiner Arbeit nachgehen konnte.

Erste Ehejahre
Mit Gottes Hilfe entstand im ersten Jahr unserer Ehe eine Jugendgruppe, die sich regelmäßig in unserer Wohnung traf, und dann im Gemeinderaum eine Kinderstunde mit Kindern aus der Nachbarschaft. Unsere Glaubensgeschwister in der kleinen Gemeinde unterstützten uns mit viel Liebe und Gebet. Wie dankbar waren wir ihnen! Gott ruft und öffnet Türen, wir müssen gehen und erleben dabei seine Wunder.

Da ich als Ehefrau zu dieser Zeit keiner erwerbsmäßigen Arbeit nachgehen musste, konnte ich in unserem jungen Haushalt meine Gaben entfalten und in der Gemeinde dienen. Viele Gäste gingen bei uns ein und aus, und während des Heimaturlaubs meiner Verwandten konnte ich ihre Kinder bei uns zu Hause unterrichten.

Familie
Gott schenkte uns in den folgenden Jahren vier Kinder. In meiner Berufung als Ehefrau und Mutter erlebte ich viele Momente der Freude und Begeisterung, aber ich kam auch an den Rand meiner Kräfte. Dankbar bin ich meinem Gott, dass ich auch Fehler machen durfte, seine Vergebung in Anspruch nehmen konnte und ER mich trotz allem Versagen in seiner Schule behielt. Gott gab mir eine bereichernde

Begabung und Geistesgaben

Aufgabe, die gefüllt war mit liebevoller Fürsorge für meine Familie, mit Entdeckerfreude in der Natur, mit fröhlicher Anleitung zu Hausarbeiten, mit kreativen Tätigkeiten und ideenreicher Unterweisung in Gottes Wort. Ein Fulltime-Job also!

Eines Tages kam mein Mann mit der Nachricht, dass ein neunzigjähriges Haus im Zentrum der Stadt, wo wir zur Gemeinde gingen, zu mieten sei. »Du bringst mich mit zehn Pferden nicht dahin«, war meine prompte Antwort. Ich hatte keine Lust, keine schöne Aussicht mehr zu haben und vom Verkehrslärm gestört zu werden! Doch Gottes Ruf ließ mich nicht los. Mir wurde klar, dass ich nur nach meinen egoistischen Motiven geantwortet hatte. Wollte Gott uns ganz in der Nähe der Gemeinde und auch der Arbeit meines Mannes haben? Zaghaft rang ich mich zu einem »Ja« durch, und nach drei Monaten packten wir unseren Hausrat zusammen. Es folgten zehn glückliche Jahre! Unser Haus wurde Treffpunkt für viele Glaubensgeschwister und Kinder. Der große Garten bot Gelegenheit, um Interessantes auszuprobieren, was mit Tierhaltung und Gemüseanbau zusammenhing. Das hätten wir uns als Familie nicht träumen lassen, geschweige denn die vielen Spielmöglichkeiten und sinnvollen Beschäftigungen, die sich für unsere Kinder eröffneten. Es hatte sich gelohnt, auf Gott zu hören.

Es würde zu weit führen, alle Stationen von Gottes Berufung in meinem Leben zu erwähnen. Von der Stadt ging's später dann aufs Land in ein kleines, unbedeutendes Bauerndorf ohne Laden, Post und Kirche.

Wer hätte gedacht, dass zwei Jahrzehnte später vor unserem Haus eine große Einfamilienhaussiedlung aus dem Boden gestampft würde, wo über zweihundert neue Bewohner einziehen würden? Gottes Ruf war für uns nicht zu überhören: »Stehe auf, heiße deine neuen Nachbarn willkommen und lade sie ein.« Wir gründeten eine christliche Waldspielgruppe. Einmal in der Woche öffnen wir unsere Haustür für weitere Kinder zur Kinderstunde. So entstehen wertvolle Kontakte zu jungen Familien, und unser Gebet ist, dass sie neugierig auf den Glauben werden.

Wenn immer die Kinder in unserer vollen Stube singen, dann bin ich froh, als Kind das Gitarrenspiel entdeckt zu haben. Damals wusste ich von alldem nichts. Wie beim Gitarrenspiel, so bei allem anderen: Gott wusste, welche Gaben ich in meinem Leben gebrauchen würde. Und mit seiner Hilfe entdeckte ich nicht nur die Gaben, sondern auch, wie ich mit ihnen anderen dienen kann.«

Nadia, Hüttikon, im Oktober 2019

Ein Pierre oder eine Nadia? In wem erkennst du dich wieder? Hat in deinem Leben Selbstverwirklichung vielleicht die christliche Selbstverleugnung ersetzt? Hat das Streben nach »etwas Besonderem« (z. B. Missionseinsätze) dich blind gemacht für deine Aufgaben im Hier und Jetzt, für ein – vielleicht auf den ersten Blick – unspektakuläres Leben im treuen Dienst an anderen Menschen? Wenn du in der gleichen westlichen, postmodernen Kultur lebst wie ich, dann wirst du (genauso wie ich) ständig von falschen Vorstellungen über Gottes Berufung bombardiert. Wer ständig auf sich selbst sieht, wird die Not in seiner Umgebung und die Arbeit, die zu tun ist, nie sehen. Wer ständig seine Gaben beäugt, wird blind sein für den Geber und nutzlos bleiben für die Menschen, die verloren gehen.

Begabung und Gottes Kraft

»Mit unseren Gaben dienen« war nie so gemeint, dass wir unsere makellosen und polierten Gaben zur Schau stellen. Sonst würden *wir* ja dafür die Ehre bekommen – und Gott würde höchstens noch für die Gabe selbst gedankt werden. Dienst bedeutet vielmehr, zu dienen »aus der Kraft, die Gott darreicht, damit in allem Gott verherrlicht werde durch Jesus Christus, dem die Herrlichkeit ist und die Macht von Ewigkeit zu Ewigkeit! Amen« (1. Petrus 4,11).

Begabung und Geistesgaben

Dienst bedeutet oft, dass wir Dinge tun, die uns überfordern, Dienste, wo wir vielleicht meinen, dass andere dazu besser geeignet wären oder mehr Übung hätten (ähnlich, wie es Nadia einige Male beschreibt). Nur ein überforderter Mensch betet um »Kraft, die Gott darreicht« und nur ein überforderter Mensch, der erlebt, wie sein Dienst Früchte zeigt, wird Gott im Nachhinein gerne dafür die Ehre geben.

Aber wir können hier auch in eine ungute Schieflage geraten. Es gibt Christen, die »immerzu treu« einen Dienst tun, zu dem sie offensichtlich überhaupt nicht begabt sind. Um jeden Preis mit dem Kopf durch die Wand eine Sache durchzuziehen, ohne auf die Qualität der Arbeit zu achten, das ist schlicht und einfach dumm! Immenser Schaden wird von solchen Leuten bewirkt. Sie wollen einen spezifischen Dienst »in Gottes Weinberg« tun, sind dafür aber selbst nach langem Üben nicht begabt. Sie versperren geeigneteren Menschen den Weg und sind offensichtlich mehr von ihrem eigenen Ego getrieben, als von dem Wunsch, für Jesus Frucht zu tragen.

Oft mangelt es in Gemeinden und christlichen Werken an guter Aufgabenverteilung. Gerade in Predigt- oder Lehrdiensten sind viele am falschen Platz gelandet. Keiner wagt es, ihnen deutlich zu sagen, dass sie nicht geeignet sind (oder sie wollen es nicht hören). Dutzende wertvolle Predigtstunden im Jahr werden vom geduldigen Publikum abgesessen, nur damit der eine Bruder nicht gekränkt wird. Hunderte Bibelstunden werden gehalten von Menschen, die die größte Mühe haben, selbst einen Bibeltext zu verstehen. Viele Dienste, die, zumindest kurzzeitig, weniger Ansehen ernten, bleiben auf der Strecke. Die »vornehmen« Dienste, wie z. B. andere zu belehren, werden bevorzugt.

Die Frage nach den Gaben ist vielleicht besonders in der Gemeindearbeit sehr wichtig. Römer 12 und 1. Korinther 12 fordern uns heraus, nüchtern darüber nachzudenken, welche Gaben Gott uns geschenkt hat, und wie wir mit ihnen dienen können. Mir scheint, dass Paulus sich eher Sorgen macht, dass wir zu hoch von uns denken, als dass wir zu wenig Selbstbewusstsein haben. Deshalb warnt er: »Aufgrund der Gnade, die Gott mir gegeben hat, warne ich jeden Einzelnen von euch: Denkt nicht höher von euch, als es angemessen ist, und seid besonnen!« (Römer 12,3, NeÜ).

Wie in vielen anderen Bereichen des christlichen Lebens ist es beim Einsatz unserer Gaben entscheidend, dass wir Kritik annehmen können. Doch dazu später mehr.

Gott verteilt seine Gaben wie er will

Noch ein kurzes Wort zum Schluss dieses Kapitels:

Begabung und Gaben sind nicht gleichmäßig verteilt. Erwarte nicht, dass Gott dir gleich viel anvertraut hat wie deinen Freunden. Gott ist souverän. Das bedeutet, dass er der König ist. Er verteilt seine Gaben wie er will. Jede Gabe ist Gnade – er schuldet uns nichts! Wer viele Gaben hat, der sei stolz auf Gott, der ihm in jedem Dienst Kraft gibt. Wer wenig hat, der sei stolz auf das Privileg, mit seinen wenigen Gaben dem Wichtigsten im Universum zu dienen![41]

Es gibt denjenigen, für den alles mühelos zu funktionieren scheint. Er ist scheinbar in jedem Bereich begabt. Für ihn wird es eine wichtige Lektion sein, im Kleinen treu zu sein (Lukas 16,10). Wer begabt ist, wird schnell frustriert, wenn er nicht sofort alle seine Gaben entfalten kann. Er muss lernen, Gottes Zeitplan zu vertrauen. Mose, der »in aller Weisheit der Ägypter« unterwiesen wurde und »mächtig [war] in seinen Worten und Werken« (Apostelgeschichte 7,22) war ganz offensichtlich ein hochbegabter Mann. Gott ließ ihn aber vierzig Jahre blökende Schafe hüten, bevor er ihn als Anführer seines Volkes gebrauchte (V. 30).

Begabte Menschen müssen lernen, dass Gott sie nicht braucht. Gott kann auch ohne sie seine Ziele erreichen. Seine Ehre hängt nicht von ihnen ab. Er wird sie einsetzen – aber nur weil er barmherzig ist, und weil er den Menschen gerne miteinbezieht. Aber er tut es zu *seiner* Zeit.

---

41 Dieses Prinzip finden wir z. B. in Jakobus 1,9, wobei es dort im unmittelbaren Zusammenhang um Armut und Reichtum geht.

Begabung und Geistesgaben

Es gibt aber auch denjenigen Menschen, der *scheinbar* für gar nichts taugt. Dieser muss lernen, im Vertrauen auf die Kraft Gottes, kleine, mutige Schritte zu gehen. Indem er anderen dient, wird er Gaben entdecken (seien es auch nur wenige) und Gott mit Freude damit dienen. Wenn er Berufung als Selbstverwirklichung sieht, wird er sein ganzes Leben Gott gegenüber bitter sein. Schließlich hat Gott ihm ja viele Gaben »verwehrt«. Wenn er Berufung als Dienst zur Ehre Gottes sieht, wird er die Erfüllung gottgegebenen Dienens erleben und glücklicher sein als die meisten anderen. Im Himmel wird er die gleiche Anerkennung bekommen, wie einer, dem mehr anvertraut wurde (vgl. Matthäus 25,21.23).

Zusammenfassend könnte man sagen: Wer sehr begabt ist, muss lernen, im Kleinen treu zu dienen. Er muss demütig darauf vertrauen, dass Gott seine Gaben zur rechten Zeit einsetzen wird. Der andere, der sich untauglich fühlt, oder meint, er hätte nur wenige Gaben, muss lernen, kleine Schritte zu wagen und sich ganz Gott zu Verfügung stellen. Das bedeutet, dass er Aufgabenbereiche ausprobieren muss. Wenn es Gott gefällt, wird er dabei Gaben entdecken und Dienste tun, von welchen er vorher nie geträumt hätte, dass sie einmal ein Teil seiner Berufung werden sollten. »Große Begabung? Treue im Kleinen!« und »Wenig Gaben? Schritte wagen!«, so könnte man es plakativ formulieren.

Nach 1. Korinther 12,31 können und sollen wir uns Gaben von Gott erbitten,[42] um der Gemeinde in Liebe zu dienen (siehe 1. Korinther 13). Aber wir sollten uns auch immer wieder daran erinnern, dass Gott auf dem Thron sitzt, nicht wir. Wenn er uns etwas vorenthält, dann hat er jedes Recht dazu. Deswegen darf Gott dem Apostel Paulus sagen: »Meine Gnade muss dir genügen, denn meine Kraft ist in den Schwachen mächtig.«

Und deswegen kann Paulus sagen: »Jetzt bin ich sogar stolz

---

42 Ich meine, das ist hier – in Übereinstimmung mit Lukas 11,13 – mit »nacheifern« gemeint (1. Korinther 12,31). Wie sollen wir sonst Gaben nacheifern, wenn wir nicht um sie bitten? Auf unser Bitten hin wird eine Gabe gegeben. Dieser Aspekt ist untrennbar mit dem Wort »Gabe« verbunden.

auf meine Schwachheit, weil so die Kraft von Christus auf mir ruht. Deshalb freue ich mich über meine körperlichen Schwächen, ja selbst über Misshandlungen, Notlagen, Verfolgungen und Ängste, die ich für Christus ertrage; denn wenn ich schwach bin, bin ich stark« (2. Korinther 12,9-10, NeÜ).

Begabung ist also längst nicht die Hauptsache im Reich Gottes. Aber wenn ich Gaben entdecke, hilft mir das zu sehen, wozu Gott mich beruft. Und hier kommen wir zu einem weiteren spannenden Thema: Wie sieht Gottes Berufung für mich ganz persönlich aus? Hat Gott einen konkreten Plan für mich? Und wenn ja, kann ich den auch verpassen? Wird Gott mich wirklich führen? Mit diesen Fragen werden wir uns in den nächsten beiden Kapiteln beschäftigen.

6 Weise werden – und erleben, wie Gott führt

In diesem Kapitel wollen wir einige häufige Herangehensweisen an die Frage: »Was ist Gottes Wille für mich?« kritisch betrachten. Danach wollen wir uns die Frage stellen: »Wie führt Gott seine Kinder tatsächlich?« Es folgen anschließend einige praktische Anregungen. Manches spreche ich dabei in diesem Kapitel nur kurz an, um im Kapitel 7 »*Entscheidungen treffen – unter Gottes Führung*« näher darauf einzugehen.

Subjektive Eindrücke?

Um das Thema »Gottes Führung« anzugehen, wollen wir uns als erstes die Frage stellen: »Führt uns Gott unmittelbar durch subjektive Eindrücke?«

Andreas,[43] ein junger Mann, schilderte mir kürzlich seine Situation. Er hatte ein ernsthaftes Anliegen, »jede Entscheidung nach Gottes Willen zu fällen«. Klingt doch gut, oder? Das Problem war nur: Andreas verzweifelte an den banalsten Entscheidungen, weil er von Gott keine klare Weisung bekam! Dieser junge Mann verlor so jegliche Freude an seinem Leben mit Gott. Er las beispielsweise diese Bibelstelle: »So seid nun nicht besorgt, indem ihr sagt: Was sollen wir essen? Oder: Was sollen wir trinken? Oder: Was sollen wir anziehen? Denn nach diesem allen trachten die Nationen; denn euer himmlischer Vater weiß, dass ihr dies alles benötigt« (Matthäus 6,31-32). Er »spürte Gott« durch die Bibelstelle zu sich reden. Andreas hörte nun auf, Kleidung zu

---

[43] Name geändert.

kaufen. Beim Einkaufen »spürte er keinen Frieden darüber, sich neue Socken oder Unterhosen zu besorgen«.

Seine Sicht über Gottes Führung hatte weitere Auswirkungen auf seinen Alltag. Er konnte sich auch beim Essen nicht mehr entscheiden, was er zuerst aus dem Kühlschrank nehmen sollte, »damit es Gott gefällt«, bis er völlig verzweifelt aufgab, weil er »Gottes Stimme nicht hörte« und schließlich »frustriert alles in sich hineinstopfte«. Unter anderem machte ihn dieses Denken arbeitsunfähig. Er musste Ausbildungen und Praktika abbrechen, weil er an den einfachsten Entscheidungen zerbrach.[44]

Sein Verhalten mag merkwürdig sein und die meisten Christen würden sich in dieser Sache nicht mit ihm identifizieren. Aber ich behaupte: Manch ein Christ würde auch so enden wie Andreas, wenn er seine eigene Meinung über Gottes Führen wirklich ernst nehmen würde und versuchen würde, diese im Alltag umzusetzen.

Christen haben viele Klischees angehäuft, wie sie »Gottes Stimme hören«, und unsere Entscheidungen gleichen manchmal den Entscheidungen derer, die eine Münze werfen, im täglichen Horoskop Rat suchen oder »pendeln«. Wie oft hören wir von Christen, die ein »Gideon-Vlies auslegen«[45] oder die sagen:

---

[44] Seine Sichtweise und seine praktische »Anwendung« dieses Bibeltexts beruhten natürlich auf einem falschen Verständnis des Textes. In Matthäus 6,33 sagt Jesus, dass wir zuerst nach Gottes Reich trachten sollen. Es geht Jesus also offensichtlich darum, dass wir Prioritäten setzen. Wenn sich mein Leben vorrangig darum dreht, welche Socken ich anziehen soll, ist offensichtlich etwas falsch gelaufen. Aber wenn ich auf dem Weg zur Arbeitsstelle noch schnell ein Paar neue Socken kaufe, weil die alten Löcher haben, bedeutet das noch lange nicht, dass ich zu sehr »besorgt bin« um diese Dinge.

[45] Das ist eine zweifelhafte Anwendung einer Vorgehensweise aus dem Buch Richter: In Richter 6 finden wir keine Anleitung, wie man Gottes Führung erbeten sollte. Gideon wurde schon vorher klar von Gott geführt. Die Geschichte vom Vlies verdeutlicht nur seine immer noch vorhandene Ängstlichkeit. Die Geschichte macht deutlich, dass Gott selbst mit einem ängstlichen Richter zum Ziel kommt. Mehr dazu in Kevin DeYoung: *Leg einfach los! Ein befreiender Weg, Gottes Willen zu entdecken* (Augustdorf: Betanien Verlag 2017). Englischsprachigen Lesern, die sich näher mit der Textauslegung be-

»Wenn Gott diesen oder jenen Weg nicht verhindert (›die Tür nicht zumacht‹), dann ist es auf jeden Fall das Richtige für mich!« und wie viele stützen ihre täglichen Entscheidungen auf ihre subjektive Interpretation des »Verses des Tages« oder der »Tageslosung«![46]

Simon[47] kämpfte mit der Versuchung zur Homosexualität. Jahrelang litt er darunter, dass er nur für Männer Gefühle entwickelte. Aber er hielt stand, weil er anhand der Bibel sah, dass Gott jegliche homosexuellen Praktiken verbietet.[48] Das alles änderte sich mit seinem Theologiestudium. Durch die anderen Standpunkte von Theologen war er sich nicht mehr so sicher, ob Gott vielleicht doch (treue) »Ehen« zwischen Männern erlaubt. Sein Entschluss, für Gott enthaltsam zu leben, begann zu bröckeln. In Bezug darauf, einen Kurswechsel in die praktizierende Homosexualität hinein zu vermeiden, war für ihn folgende Maßnahme hilfreich: Er trug einen »Ehering, der seine Treue zu Jesus symbolisieren sollte«. Er sagte damals zu Gott: »Solange dieser Ring an meinem Finger bleibt, halte ich dir die Treue und gehe keine homosexuellen Beziehungen ein.« Eines Tages, auf einer Freizeit, verlor er den Ring. Er nahm dies als Zeichen dafür, dass Gott seinen Weg in die praktizierte Homosexualität bejahen würde. Soweit ich weiß, lebt Simon jetzt ganz offen in einer homosexuellen Beziehung.

Es gibt viele vorbildliche, hingegebene Christen, die sich durch »Eindrücke« und Zustände »inneren Friedens« leiten lassen. Es geht mir hier nicht darum, ihren Glauben grundsätzlich

---

schäftigen möchten, empfehle ich das Buch: Garry Friesen, J. Robin Maxson: *Decision Making and the Will of God*. Sisters, Or.: Multnomah 2004, sowie die online verfügbare Rezension von Greg Gilbert: »Book Review: Decision Making and the Will of God, by Garry Friesen« In: *9Marks*. https://www.9marks.org/review/decision-making-and-will-god-garry-friesen/ (Stand: 07.11.2019).

46 Die Tageslosung ist ein Vers aus den so genannten Herrnhuter Losungen: Das ist ein beliebtes Andachtsbuch mit täglichen Bibelversen aus dem Alten und Neuen Testament.

47 Name geändert.

48 S. 3. Mose 18,22; 20,13; 1. Korinther 6,9; Römer 1,26ff.

in Frage zu stellen. Vielmehr sollen Beispiele wie die von Andreas und Simon verdeutlichen, wo ein solches Denken – wenn man es konsequent anwenden würde – hinführen kann!
Ein christlicher Autor beschreibt diese Vorstellung von Gottes Führung:

> »Zahllose Christen meinen, der Heilige Geist sei doch nötig, um einem kundzutun, was in einer konkreten Situation der Wille Gottes sei. Sie warten auf innere Eingebungen oder darauf, dass irgendein Bibelwort sie besonders anspringt oder ihnen besonders »unter die Haut« geht. [...] Dahinter steht bisweilen die Anmaßung, direkt im Thronsaal Gottes zu sitzen und von ihm der direkten Kommunikation gewürdigt zu werden.«[49]

Vielleicht wäre es gut, seine Kritik auch anzuhören:

> »Der Christ ist aber nicht wie ein Knecht, dem Gott per Losentscheid sagen muss, was er zu tun habe, sondern er ist durch den Heiligen Geist Gottes Kind, das aufgrund seiner Erkenntnis Christi und aufgrund der Weisheit, die er in der Schrift findet, prüfen und entscheiden kann, was er tun soll. Er steht nicht in solcher Unmittelbarkeit zu Gott, dass der Heilige Geist ihn direkt innerlich anspreche wie ein Navigationsgerät, das vor jeder Straßenkreuzung sagt, wohin man fahren soll [...]. Nur zu bald wird er unter dieser Anschauung seine subjektiven Wünsche mit dem Willen Gottes verwechseln und vielleicht einem furchtbaren Irrtum unterliegen oder unsinnige Fehlentscheidungen treffen. Der rechte Christ wird sich mit der Auskunft bescheiden, dass er auf Gottes Wort hören soll und nicht frommer sein will, als Gott es gebietet.«[50]

---

[49] Daniel Facius (Hg.): *Der Bibel verpflichtet: Mit Herz und Verstand für Gottes Wort.* Dillenburg: Christliche Verlagsgesellschaft 2015, S. 241-242 (Kapitel »Bibel und Ethik«).
[50] Ebd., S. 241-242.

Weise werden – und erleben, wie Gott führt

Das sind deutliche Worte. Immer wieder verweisen sie auf die Bibel als Gottes offenbarten Willen an uns. Erinnern wir uns nochmals an das Beispiel mit den Astronomen, deren Wissen über Sterne einzig und allein aus dem Licht kommt, das unsere Teleskope erreicht. Später in diesem Kapitel werden wir sehen: Wer nach Gottes Willen fragt, muss *zuallererst* die Bibel verstehen lernen, denn aus ihr leuchten Gottes Gedanken hervor.

Vielleicht kommt bei dir dabei die Frage auf: Sollen wir denn nun gar nicht mehr beten und fragen dürfen: »Gott, bitte führe mich in dieser konkreten Situation. Was soll ich machen?« Sollen wir gar nicht mehr auf »Eindrücke« hören bzw. sollten wir sie ignorieren?

Ich denke, so weit dürfen wir nicht gehen. In diesem Sinne verhält es sich nicht *ganz* so, wie bei den weit entfernten Himmelskörpern. Gott ist kein weit entfernter Gott, den wir *nur* in der Bibel erleben. Gott spricht immer noch zu uns Menschen und leitet uns – womöglich sogar durch innere Eindrücke und Gefühle.

Was war aber bei Simon und Andreas so irreführend? Sie stuften ihre Gefühle und subjektiven Empfindungen höher und maßgeblicher ein als eine ehrliche und nüchterne Auslegung der Heiligen Schrift. Letztlich müssen wir uns also fragen: Welche Rolle spielen Emotionen, Gedankenimpulse und Eindrücke in unseren täglichen Entscheidungen?

Emotionen

Unsere Emotionen *sind* Gaben Gottes. Gott selbst verspürt Gefühle wie Liebe, Freude, Frieden, Zorn, etc. Er hat uns mit unseren Gefühlen geschaffen. Die Frucht des Geistes besteht zu einem großen Teil aus emotionalen Komponenten: »Liebe, Freude, Friede« (Galater 5,22). Unsere Gefühle können uns viel über unseren geistlichen Zustand sagen, ähnlich wie ein *Fieberthermometer* Rückschlüsse auf unsere körperliche Gesundheit erlaubt. Aber unsere Gefühle sind ein ganz schlechter *Kompass*, wenn wir sie zur Orientierung gebrauchen.

Als Eva die verbotene Frucht sah, wurde der Baum für sie »begehrenswert« (1. Mose 3,6). Ihre Emotionen (Lust, Begehren) steuerten sie hin zur fatalsten Entscheidung, die sie je treffen würde! Wenn wir unser Empfinden, ob wir über eine Sache »Frieden haben« oder nicht, oder sonstige Gefühle als Kompass nutzen, kann es sein, dass wir Gut und Böse vertauschen.

Gottes Wort, unser Maßstab

Das Ausmaß des Problems wird deutlich, wenn Menschen, die eigentlich Gottes Willen suchen, wegen ihren Empfindungen und Emotionen sogar gegen Gottes in der Bibel offenbarten Willen handeln (z. B. einen ungläubigen Partner heiraten oder sich nicht einer Gemeinde anschließen). Oft steht dann nicht Gottes offenbarter Wille im Zentrum, sondern eigene Meinungen, Gefühle und damit oft willkürliche Bibelauslegungen, mit denen man sich die Schrift »passend« macht. Aber wenn wir die Bibel aufrichtig lesen, merken wir, dass Gott seinen moralischen Willen in vielen Fällen sehr klar gezeigt hat.

Viele *moralische* Entscheidungen werden von der Bibel vorgegeben. Theologen nennen diese Aufforderungen und Gebote der Bibel »Gottes offenbarter bzw. sein moralischer Wille«. Den Begriff »Gottes moralischer Wille« solltest du dir gut merken. Er wird uns im nächsten Kapitel wieder begegnen!

In solchen Fällen, wo Gott klar seinen Willen offenbart hat, müssen wir als Christen nicht lange hin und her überlegen, sondern einfach gehorchen.

Der Theologe Wayne Grudem betont die Wichtigkeit der Bibel, ohne jedoch unsere subjektiven Empfindungen völlig wegzureden. Er schreibt, dass die Heilige Schrift genügt, um für Gott heilig leben zu können. Er erklärt weiter:

»Die Wahrheit der Genugsamkeit[51] der Heiligen Schrift ist

---

51 Trotz der Ähnlichkeit der Begriffe ist »Genugsamkeit« etwas völlig anderes als »Genügsamkeit«. Genugsamkeit bedeutet, dass etwas genug ist, dass es

Weise werden – und erleben, wie Gott führt

für unser Christenleben von großer Bedeutung, denn sie befähigt uns, unsere Suche nach Gottes Worten an uns auf die Bibel allein zu *konzentrieren* und erspart uns die endlose Aufgabe, [...] alle subjektiven Empfindungen und Eindrücke, die uns von Tag zu Tag kommen, zu durchforsten, um herauszufinden, was Gott von uns fordert. Dies soll nicht implizieren, dass subjektive Eindrücke von Gottes Willen nutzlos seien oder dass sie ignoriert werden sollten. [...] Gott kann subjektive Eindrücke von seinem Willen gebrauchen und gebraucht sie tatsächlich auch, um uns zu erinnern und zu ermutigen und häufig unsere Gedanken [...] in die richtige Richtung zu lenken. Doch [können] solche subjektiven Eindrücke uns nur an moralische Gebote *erinnern*, die bereits in der Bibel stehen [...]. [Sie können] der Bibel in unserem Leben an Autorität nie gleichkommen. [Wir können], außer wenn ein ausdrücklicher Bibeltext direkt für eine Situation gilt, in diesem Leben nie eine hundertprozentige Sicherheit haben, mit der wir wissen, was Gottes Wille in einer bestimmten Situation ist. [...] Obwohl unsere Fähigkeit, den Willen Gottes zu unterscheiden, zunehmen sollte, während wir in unserer christlichen Reife wachsen, werden wir unweigerlich einige Fehler begehen.«[52]

Ich stimme Grudem zu und möchte hier die weitläufige Meinung in Frage stellen, dass Gott uns durch subjektive Eindrücke führt. Obwohl Gott manchmal subjektive Eindrücke benutzt, ist er nicht auf sie angewiesen. Unsere subjektiven Empfindungen sollten eine der Schrift untergeordnete Rolle spielen. Die Bibel gibt uns eine viel überzeugendere Beschreibung, wie Gott seine Kinder führt. Später mehr dazu.

---

ausreicht (Genügsamkeit dagegen ist Bescheidenheit). Die Genugsamkeit der Bibel bedeutet, dass die Bibel allein als Offenbarung Gottes ausreicht.
52 Wayne Grudem, Thomas Schirrmacher: *Biblische Dogmatik: Eine Einführung in die systematische Theologie*. Bonn: Verlag für Kultur und Wissenschaft1 2013. S. 140-141 mit Fußnote.

Die Aussage: »Subjektive Eindrücke sind nicht unbedingt ein Ausdruck von Gottes Führen«, wirft aber für manche die nächste Frage auf: Können wir denn Gottes Führung »spüren«?

Ist Gottes Führen immer spürbar?

Manche Christen, und oft auch sehr eifrige, Gott hingegebene Gläubige, verbinden Gottes Führung ganz stark mit dem Wunsch, dass sie Gott ununterbrochen *erfahren*.

Jetzt wird jeder zustimmen, dass es sicher nicht falsch ist, Gott erfahren bzw. erleben zu wollen. In einem gewissen Sinn ist es sogar sehr wichtig! Wir erleben oder erkennen Gott bzw. einzelne Eigenschaften von ihm in seiner Schöpfung. Denke nur zurück an den letzten Sonnenuntergang am Meer, den du gesehen hast! König David beobachtete ein Gewitter und »erlebte« Gott im gewaltigen Naturspektakel (Psalm 29).

Auch in seinem Wort können wir über seine Größe staunen, wie er z. B. sein Volk durch mächtige Taten gerettet hat. Wenn wir über das Evangelium nachdenken, dann »erleben« wir, wie nahe Gott uns in Jesus, seinem Sohn, gekommen ist, und wir dürfen über seine Liebe zu uns nachdenken, ob es uns nun gut oder schlecht ergeht. Wir erleben Gottes Wirken an uns daran, dass er uns verändert, dass er uns heiligt. In diesem Sinn ist es sicher nicht falsch, Gott *erleben* zu wollen.

Oft wird aber eine bestimmte Art von »Erleben« gemeint: dass Gott regelmäßig oder sogar ununterbrochen in allen möglichen Umständen erlebt wird. Solche Christen wollen dann ständig sagen können: »Das hat einfach so gut gepasst! Gott hat es genial geführt!«

Der Theologe J. I. Packer warnt in seinem Buch »Gott erkennen« davor, *Gottes Wege* immer verstehen zu wollen bzw. jede Begebenheit »deuten« zu müssen und jeder Begegnung große Bedeutung, jeder Krankheit eine geistliche Ursache, jedem Zufall einen Hinweis für uns zuzuordnen. Um dieses Denken zu beschreiben, benutzt Packer die Geschichte eines Betrachters, der

Weise werden – und erleben, wie Gott führt

an einem Bahnhof neben den Gleisen steht und versucht, das Hin und Her der Züge zu verstehen. Dem Betrachter fehlt es scheinbar an »Weisheit«, weil er dieses Hin und Her nicht versteht. Er wird dann in die Zentrale, den Kontrollturm des Bahnhofs geführt, wo er einen Einblick in die Schaltsysteme der Gleise und Züge bekommt. Dort sieht er das Brett mit den vielen LEDs, Zeichnungen und Fahrplänen. Erst der Blick hinter die Kulissen macht ihn zu einem weisen Menschen. Viele meinen, laut Packer, dass Weisheit eben darin besteht, dass wir von Gott ein Stück weit in den Kontrollturm eingeladen werden, sodass wir seine Wege und Pläne in unserem Alltag immer besser erkennen und verstehen können.[53]

Die Realität sieht bei Christen allerdings anders aus, sagt Packer.[54] Wir können die Wege, die Gott mit uns geht, nicht immer erkennen und verstehen. Ein reifer Christ wird eben genau dann Gott vertrauen, wenn er nicht unmittelbar in seinem Leben erlebbar oder erkennbar ist. Wer weise ist, handelt auch dann klug, wenn er Gott gerade *nicht* versteht. Wir »wandeln durch Glauben, nicht durch Schauen« (2. Korinther 5,7).

Wer meint, er müsse als Christ Gott immer verstehen oder seine Fürsorge stets erleben, der sollte einmal das Buch Hiob lesen. Hiob durchlitt eine Zeit, in der er *alles andere als Gottes Güte* erlebte. Er verstand Gott überhaupt nicht – und hielt trotzdem an seinem Gott fest (siehe Hiob 1). Selbst für die biblischen Personen war es nicht so, dass sie Gott ständig erlebten. Wenn dein Glaube also davon abhängig ist, dass du Gottes Führung immer erleben musst, dann wirst du in deinem Leben mit Gott leider immer wieder enttäuscht sein.

Wir leben in einer christlichen Kultur, die Gott »erlebbar« machen möchte, und zwar wann immer wir wollen und wie immer wir möchten. »Er tut heute noch Wunder, Stunde um Stunde, Tag für Tag« – heißt es in einem populärem Song. Es gibt riesige Megachurches, die den großen Massen einen emotional erlebba-

---

53 James I. Packer: *Gott erkennen*. Leun: Herold-Verlag 2014. S. 124-125.
54 Ebd.

ren Gott verkaufen wollen. Aber die Realität ist: Ein Leben in der Nachfolge ist kein Spaziergang durch einen Erlebnispark, keine Achterbahnfahrt von Hochstimmung zu Hochstimmung, keine Dauerparty. So schwieg Gott in der Vergangenheit mehr als 400 Jahre, bevor er seinen Sohn sandte.[55] Und doch konnte sein Volk um seine Treue und Liebe wissen. Die Juden dachten einfach zurück an seine großen Machttaten, wie zum Beispiel beim Auszug aus Ägypten und beim Durchzug durch die Wüste. Damals tat Gott tatsächlich fast Tag für Tag ein Wunder. Im Zurückschauen haben sie vorausgeschaut auf den Messias und sehnten sich nach Gottes zukünftigem Eingreifen (Jesaja 63,19 – 64,4). Sie wandelten durch Glauben, nicht durch Schauen.

Die Botschaft des Predigers

J. I. Packer vertritt die Ansicht, dass das Buch Prediger in der Bibel genau für solche »Stunde-um-Stunde-Gott-erleben«-Christen geschrieben ist. Der Prediger soll uns davon abhalten, ein falsches, abgehobenes Bild von unserer Welt zu bekommen. Er schreibt:

> »Was wir brauchen ist Realitätssinn! [...] Wir können die Botschaft des Predigers mit folgenden Worten zusammenfassen: ›Seht, in welch einer Welt wir leben‹, sagt der Prediger. ›Nehmt die rosarote Brille ab, reibt euch die Augen und schaut euch alles an. Was seht ihr? Ihr seht, wie das Leben sich vor dem Hintergrund zufälliger Naturkreisläufe abspielt (vgl. Prediger 1,4-7). Ihr seht, wie alles im Leben von Zeitabschnitten und

---

[55] Ab ungefähr 435 v. Chr. gab es keine weiteren Zusätze zur Bibel (bis zu den Evangelien). Gott sprach in dieser Zeit nicht direkt durch Propheten, sondern nur indirekt durch das Alte Testament, bis er durch Jesus Christus zu uns redete und in seinem Sohn erlebbar wurde. Das spiegelt sich auch in den alten Schriften der Rabbiner wider. Ich gebe zu: Obwohl Gott in dieser Zeit nicht auf spektakuläre Art und Weise wirkte (wie z. B. während der Zeit Jesu und der Apostel), erlebten ihn bestimmt immer wieder Menschen (z. B. in seiner Hilfe in der Not oder dadurch, dass er sie im Alltag segnete etc.).

Weise werden – und erleben, wie Gott führt

Umständen beeinflusst wird, auf die wir keinen Einfluss haben (vgl. Prediger 3,1-8; 9,11-12). Ihr seht den Tod, der jeden von uns früher oder später fast willkürlich ereilt, gleichgültig, ob dies zurecht geschieht oder nicht (vgl. Prediger 7,15; 8,8). Der Mensch stirbt genauso wie das Vieh (vgl. Prediger 3,19-20), der Gute wie der Böse, der Kluge wie der Törichte (vgl. Prediger 2,14.16; 9,2-3). [...] Wenn ihr all das bedenkt, werdet ihr erkennen, dass Gottes Pläne unergründlich sind – so sehr ihr auch versucht, sie zu ergründen, es wird euch niemals gelingen. [...] Der Gott, der [die Welt] regiert, hält sich selbst im Verborgenen. Nur selten erweckt die Welt den Eindruck, als würde sie von einer gütigen Vorsehung gelenkt werden. Nur selten scheint hinter allem eine rationale Kraft zu stehen. [...] Seid realistisch, fordert der Prediger uns auf, schaut den Tatsachen ins Auge und seht das Leben so, wie es tatsächlich ist. Wenn ihr dies nicht tut, werdet ihr keine wahre Weisheit erlangen.«[56]

Ist das schockierend für uns? Ja, aber nur, wenn wir unseren Glauben darauf bauen, dass wir immer wieder erleben, wie Gott durch »Zufälle«, Begegnungen oder zusammenhanglose Bibelstellen direkt zu uns redet. Wenn wir Gottes Führen und Eingreifen »Stunde um Stunde, Tag für Tag« erleben wollen. Dann wird uns die Botschaft des Predigers aufrütteln und nachdenklich machen. Aber die Botschaft des Predigers sollte uns nie entmutigen. Gott ist zwar in seinen Wegen selten erkennbar, aber er ist da! Wir werden, vor allem im nächsten Kapitel, betonen, dass Gott uns selbst dann führt, wenn wir seine Führung nicht erkennen. König David erlebte viele Zeiten, in denen ihm Gott fern und uninteressiert erschien. Aber er klammerte sich an die Tatsache, dass Gott ihn selbst in den dunklen Tälern liebevoll führte:

»Der HERR ist mein Hirte,
mir wird nichts mangeln.
Er lagert mich auf grünen Auen,

---

[56] Aus Packer: *Gott erkennen*. S. 124-125.

> *er führt mich* zu stillen Wassern. [...]
> *Er leitet mich in Pfaden der Gerechtigkeit*
> *um seines Namens willen.*
> Auch wenn ich wandere im Tal des Todesschattens,
> fürchte ich kein Unheil, *denn du bist bei mir*;
> dein Stecken und dein Stab,
> sie trösten mich.« (Psalm 23,1-4, meine Hervorhebung)

David kannte diese Momente, wo man sich nutzlos und irregeführt fühlt (als er z. B. auf der Flucht vor Saul war oder in seiner Zeit als Söldner bei den Philistern). Aber Gott führte ihn *durch solche verwirrende Wege zum Thron und zur Königsherrschaft!* Von uns ist zwar nicht jeder berufen, wie David Staatsoberhaupt zu werden. Trotzdem: Wir beten den gleichen Gott an. Er führt seine Kinder heute wie damals auch.

Ich hatte definitiv schon Zeiten in meinem Leben, in denen ich mich nach klaren Hinweisen von Gott gesehnt habe. Ich war unentschlossen, unsicher, wusste nicht, wie es weitergeht. Aber im Nachhinein erkannte ich oft Gottes Führung und bin immer mehr von seiner Treue überzeugt.

Wenn Gott uns also nicht durch subjektive Eindrücke führt; wenn Gottes Führung nicht einmal direkt spürbar ist: Wie können wir dann sein Führen erleben? Oder – noch wichtiger – wie können wir uns bewusst unter seine Führung stellen und seinen Willen für unser Leben finden? Darum soll es nun gehen.

»Herr, erneuere mein Denken!«

> »Seht nun darauf, wie ihr mit Sorgfalt wandelt, nicht als Unweise, sondern als Weise [...] Darum seid nicht unverständig, sondern seid verständig, was der Wille des Herrn ist!« (Epheser 5,15-17)

Wie kann ich persönlich Gottes Führung erleben und seinen Willen für mein Leben erkennen? Der Kern der biblischen Antwort lautet: »Werde verwandelt in deiner Sicht auf die Realität« oder »werde in deinem Denken verändert«.

Gott möchte uns eine völlig neue Art zu denken lehren. Dieses Umdenken ist letztlich von Gott geschenkt und möchte uns sozusagen Gottes Brille auf die Nase setzen. Durch diese Brille lernen wir, die Welt, in der wir leben, unsere Umstände und Wege, durch Gottes Augen zu sehen. In der Bibel wird diese neue Sicht »Weisheit« genannt.

Gott möchte *weise* Nachfolger. Er entwickelt sein eigenes Führungstool in uns – Weisheit. Weisheit und Verstand sind sozusagen ein »GPS«, das uns hilft, Gottes Willen zu finden.[57]

Aber diese Weisheit ist nichts, was wir durch übersinnliche Erfahrungen oder mystische Begegnungen mit dem Übernatürlichen gewinnen könnten. Gottes Weisheit ist *offenbarte* Weisheit; biblische Weisheit. Die biblischen Weisheitsbücher (Sprüche, Prediger, Teile der Psalmen, der Jakobusbrief etc.) sind vielleicht die am meisten unterschätzten Mittel, Gottes Willen für konkrete Situationen im Leben zu erkennen.

Biblische Weisheit ist *unverzichtbar*, wenn es darum geht, Gottes Willen zu erkennen. Weisheit rüstet uns nämlich für ein heiliges Leben unter Gottes Führung zu, siehe Sprüche 1,1-4:

»Sprüche Salomos, [...] um zu erkennen Weisheit und Zucht, [...] um anzunehmen Zucht mit Einsicht, dazu Gerechtigkeit, Recht und Aufrichtigkeit, um Unerfahrenen Klugheit zu geben, dem jungen Mann Erkenntnis und Besonnenheit.« (Sprüche 1,1-4)

»Zucht mit Einsicht« (Sprüche 1,3) kann auch als »Zucht, die kluges Handeln bewirkt«[58] übersetzt werden. Weisheit macht also fähig, das Richtige zu tun.

Weisheit ist Gottes Berufung, »heilig zu sein«, ganz praktisch ausgelebt. Deswegen fügt der Schreiber in Vers drei hinzu: »dazu

---

57 Andreas Burghardt: *Das GPS der göttlichen Führung* (MP3-CD).
58 Siehe Fußnote der Elberfelder Bibel bei Sprüche 1,3.

Gerechtigkeit, Recht und Aufrichtigkeit« – alles Aspekte eines heiligen Lebens.

In Sprüche 1,5 kann »weiser Rat« auch als »Steuerung«[59] übersetzt werden. Man verwendete das Wort auch, um das Navigieren von Segelschiffen zu beschreiben. Manche übersetzen »weisen Rat« auch als »weise Lenkung«.[60] Der »weise Rat«, den wir in der Bibel finden, macht uns dazu fähig, Gottes Willen zu erkennen. Gott benutzt die Weisheit, um uns zu »lenken«.

Gott will keine vernunftlosen Roboter, die er bei jeder Lebensentscheidung genauestens programmieren muss – etwa durch Zeichen, Träume, Hinweise, »Impulse«, tägliche Losungs-Bibelverse –, damit sie das Richtige tun. Gott möchte mündige Diener und Kinder, die weise sind, selbst Entscheidungen fällen zu können. Gott ist also kein »Lebensweisungsroboter«, den wir immer nur bei unseren Entscheidungen befragen sollen.

Vergleichen wir einmal zwei verschiedene Vorstellungen, wie man Gottes Führung erleben kann:

Vorstellung 1: Der Mensch erlebt Situationen, die eine Entscheidung abverlangen. Er wartet in diesem Moment auf »Göttliche Weisungen« oder »Impulse«, also subjektive Eindrücke, damit er die Entscheidung so trifft, dass sie Gott gefällt (siehe Abbildung 1).

Vorstellung 2: Der Mensch wächst durch das Studium des Wortes Gottes täglich in der Weisheit und wird dann in konkreten Entscheidungen unter demütigem Gebet eine weise Entscheidung fällen (siehe Abbildung 2).

Zu Beginn des Kapitels sind wir schon auf die erste Vorstellung eingegangen. Die Bibel beschreibt die *zweite Vorstellung* als die normale (oder »normative«) bzw. übliche Art, wie Gott führt. Wie wir bereits gesehen haben, bedeutet das nicht, dass Gott *nie* durch Zeichen, Träume oder Umstände zum Menschen redet. Aber er tut es eben nur, wenn er es für nötig hält. So geschahen Träume, Visionen und Zeichen in der Bibel in *außergewöhnlichen*

---

[59] Ebd. zu V. 5.
[60] Ebd.

Weise werden – und erleben, wie Gott führt

Situationen (z. B. bei König Ahas in Jesaja 7, oder bei Maria in Lukas 1) oder Gott kam auf diese Weise gerade dem Schwachen und Demütigen zu Hilfe, wie z. B. bei Gideon (vgl. Richter 6).[61]

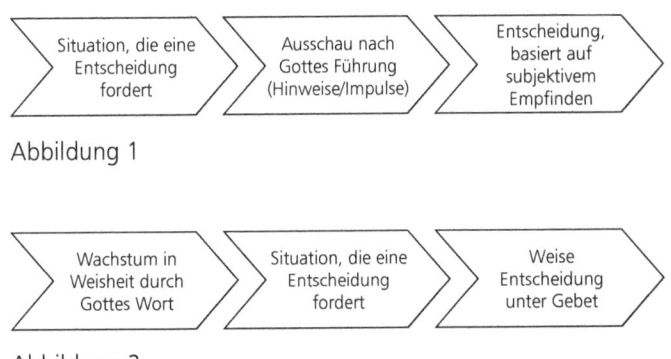

Abbildung 1

Abbildung 2

Wie steht es also um Gottes Führung? Wie erleben wir sie? Dadurch, dass sich unser Denken immer mehr dem Denken Gottes annähert. Dadurch, dass sich Gottes Weisheit in uns, seinen Kindern, spiegelt – wenn auch nur allmählich und in einem lebenslangen Prozess.

Diese Sicht wird sowohl von der alttestamentlichen Weisheitsliteratur gelehrt, wie auch von den Aposteln im Neuen Testament.

Paulus ermutigt uns, »mit Sorgfalt zu wandeln, nicht als Unweise, sondern als Weise« (Epheser 5,15). Er will nicht, dass wir Christen unsere Zeit verschwenden (V. 16). Wer den Willen Gottes für sein Leben erkennen will, muss in *biblischem Verständnis* wachsen: »... seid nicht unverständig, sondern seid verständig, was der Wille des Herrn ist!« (V. 17).

---

61 Vgl. Kapitel 1, S. 19: »Gott beruft zwar jeden Christen, aber nur selten beruft er einen Menschen für eine bestimmte, auf ihn zugeschnittene Aufgabe (vergleiche z. B. Römer 1,6 mit Römer 1,1, oder 1. Korinther 1,2.24 mit 1. Korinther 1,1).« Als Folge erleben viele Christen nur selten Gottes außerordentliches Leiten.

Deswegen betet Paulus für die Gläubigen in den Gemeinden zu Gott, dass sie »erfüllt werden mit der Erkenntnis seines Willens in aller geistlichen Weisheit und Einsicht«, damit sie Gottes Berufung leben können (Kolosser 1,9-10).

In Römer 12 wird der Apostel Paulus noch etwas ausführlicher:

»Ich ermahne euch nun, Brüder, durch die Erbarmungen Gottes, eure Leiber darzustellen als ein lebendiges, heiliges, Gott wohlgefälliges Opfer, was euer vernünftiger Gottesdienst ist. Und seid nicht gleichförmig dieser Welt, sondern *werdet verwandelt durch die Erneuerung des Sinnes* [oder: eures Denkens], *dass ihr prüfen mögt, was der Wille Gottes ist*: das Gute und Wohlgefällige und Vollkommene.« (Römer 12,1-2, meine Hervorhebung)

Auch in diesen Versen aus dem Römerbrief sehen wir, dass Gott uns zu einem heiligen Leben beruft. Dies geschieht dadurch, dass wir das Evangelium – das erbarmungsvolle Eingreifen Gottes in die Menschheitsgeschichte – immer mehr begreifen und verinnerlichen (»Ich ermahne euch ... *durch die Erbarmungen Gottes*«[62] – Vers 1) und unser Denken davon erneuern lassen. Eine

---

[62] Paulus bezeichnet das in Römer 1-11 dargelegte Evangelium in Römer 12,1 als »die Erbarmungen Gottes« und macht diese Erbarmungen zum Grund, weshalb unser Denken erneuert werden muss. Die Verbform von »Erbarmen« (in Römer 12,1) benutzt Paulus zwei Kapitel vorher für Gottes Rettung: »Ich werde begnadigen, wen ich begnadige, und werde mich erbarmen, wessen ich mich erbarme« (Römer 9,15). Außerdem ist vom Zusammenhang naheliegend, dass Paulus mit den »Erbarmungen Gottes« das Evangelium meint (dessen Beschreibung Paulus unmittelbar vorher in Kapitel 11 mit einem Lob an Gott zu einem Höhepunkt kommt). Paulus leitet vom Evangelium (er benutzt das Wort »nun« oder »deshalb«, griech. *oun*) zum praktischen Leben im Willen Gottes in Kapitel 12,1ff über. Das Evangelium bringt uns von unserem ursprünglichen Zustand (*unser* Wille ist gut und wohlgefällig und vollkommen) dahin, dass wir unsere Rebellion gegen Gott erkennen, umkehren und erkennen, dass *sein* Wille gut und wohlgefällig und vollkommen ist. Wir können deshalb sagen, dass wir unser Denken vom Evangelium erneuern lassen sollen.

bemerkenswerte Folge des veränderten Denkens ist: »dass ihr prüfen mögt, was der Wille Gottes ist« (Vers 2).

Paulus präsentiert die »Erbarmungen Gottes« (Gottes Handeln, das er in Kapitel 1-11 erklärt hat) und fordert uns auf, unser Denken durch die Tatsache verändern zu lassen, dass Gott uns solches Erbarmen geschenkt hat. Wie ein Schwamm sich mit Wasser vollsaugt, so sollen wir unser Denken mit dem biblischen Gottes- und Weltbild füllen. Wir sollen das Evangelium immer mehr kennen und schätzen lernen und unser Denken immer mehr von seinen Maßstäben formen lassen. Erst dann werden wir in konkreten Situationen nach Gottes Willen handeln können. Erst dann werden wir fähig, gute und gottgefällige Entscheidungen zu treffen. Ja, Gott kann gelegentlich durch Träume, Visionen oder Ähnliches führen. Aber selbst wenn diese ausbleiben, finden unsere »erneuerten Sinne [...] das Gute und Wohlgefällige und Vollkommene« (Römer 12,2).

Lass doch einmal einen Schwamm mit Wasser volllaufen. Was passiert, wenn du ihn zusammendrückst? Wasser wird herausfließen! Wenn wir unser Denken mit dem Wort Gottes füllen, dann sind wir der Schwamm. Das Wort Gottes gleicht dem Wasser. Wir geraten »unter Druck«, wenn in einer bestimmten Situation eine Entscheidung von uns gefordert wird. Was kommt dann aus uns heraus? Ein weiser, gottgefälliger Entschluss.

Willst du Gottes Führung erleben? Dann bete dafür. Aber lass das andere nicht bleiben. Wenn du biblische Weisheit verachtest, verachtest du den Gott, von dem du erwartest, dass er dein Leben führt. Wer Gottes Führung erfahren will, *muss* die Bibel studieren: »Eine Leuchte für meinen Fuß ist dein Wort, ein Licht für meinen Pfad« (Psalm 119,105).

Oft meinen Christen, der Geist Gottes müsse uns durch »innere Eingebungen« da hinführen, wo Gott uns haben möchte. Aber Paulus sagt, dass Gottes Wort völlig ausreicht, uns »richtig zu machen, für jedes gute Werk ausgerüstet« (2. Timotheus 3,17). Paulus schreibt dem gläubigen Juden: »Du kennst den Willen Gottes und prüfst, worauf es ankommt, *weil du aus dem Gesetz unterrichtet bist*« (Römer 2,18). Das Gesetz ist Gottes Wort. Prüfen kann man den Willen Gottes, wenn man im Wort Gottes unterrichtet ist.

Für die Philipper betete Paulus, dass sie »prüfen, worauf es ankommt« (siehe Philipper 1,9-10).[63] Wie soll das geschehen? Dadurch, dass ihre »Liebe noch mehr und mehr überreich werde in *Erkenntnis* und *aller Einsicht*«. Er geht davon aus, dass sie Gott und ihre Glaubensgeschwister lieben. Aber wie wird diese Liebe in die richtigen Bahnen geführt? Wie konkret sollen sie wissen, was dran ist? Indem sie »Erkenntnis und alle Einsicht« gewinnen. Oder anders ausgedrückt: Indem sie durch Gottes Wort weise werden.

David betete in Psalm 86: »Weise mir, HERR, deinen Weg« (V. 11). Er bat also um Führung und Leitung. Womöglich schloss das auch subjektive Eindrücke mit ein. Aber sein Gebet wird im gleichen Vers doch konkreter: »Weise mir, HERR, deinen Weg, dass ich wandle in deiner Wahrheit« (Psalm 86,11).

David erbittet also *vor allem* diese Art von Führung: durch Erkenntnis von Gottes Wahrheit, also durch Gottes Wort. Er vertraut darauf, dass er Gottes Führung erlebt, wenn er seinem Wort gehorsam ist und immer mehr – als fleißiger Schüler – die Bibel (»Gottes Wahrheit«) verstehen lernt:

---

[63] Der ganze Satz in den Versen 9-11 lautet folgendermaßen: »Und um dieses bete ich, dass eure Liebe noch mehr und mehr überreich werde in Erkenntnis und aller Einsicht, damit ihr prüft, worauf es ankommt, damit ihr lauter und unanstößig seid auf den Tag Christi, erfüllt mit der Frucht der Gerechtigkeit, die durch Jesus Christus gewirkt wird, zur Herrlichkeit und zum Lobpreis Gottes.« Mit »prüfen, worauf es ankommt« meint Paulus sehr wahrscheinlich das, was er in Römer 12,2 schreibt: »dass ihr prüfen mögt, was der Wille Gottes ist: das Gute und Wohlgefällige und Vollkommene.« Das, »worauf es ankommt«, ist also Gottes Wille für unser Leben. Interessant ist, dass Paulus im Brief an die Philipper (V. 9-11) deutlich sagt, dass Gottes Wille ihre Heiligung ist: »damit ihr lauter und unanstößig seid … erfüllt mit der Frucht der Gerechtigkeit …«. Wir sehen also wieder, dass Gott uns *vor allem* in ein heiliges Leben hineinführt. Dieses Prinzip durchdringt förmlich das Neue Testament (siehe z. B. Römer 8,13-14, wo der Geist uns dahin leitet, dass wir gegen unser Fleisch kämpfen).

»Deine Wege, HERR, tue mir kund,
deine Pfade lehre mich!
Leite mich in *deiner Wahrheit*
und *lehre mich*.« (Psalm 25,4-5)

Wie der Heilige Geist uns führt

Gott will also, dass wir weise werden. Das sollten wir nicht verachten. Die Weisheit ist Gottes Hauptmittel, durch das er uns führt. Ich habe diese Art, wie Gott führt, mit der Vorstellung »unmittelbarer Geistesführung« verglichen. Ich habe dabei behauptet, dass die Vorstellung, dass Gott durch Weisheit führt, biblisch besser belegt werden kann. Aber ich möchte dabei keineswegs abstreiten, dass Gott uns auch unmittelbar durch seinen Geist führt. Im Gegenteil: Die Bibel lehrt das ziemlich klar (siehe Römer 8,14; Galater 5,22).

Aber dass Gott uns durch »unsere« Weisheit *und* durch seinen Geist leitet, ist kein Widerspruch. Der Geist Gottes ist nämlich auch durch Weisheit gekennzeichnet. Jesaja bezeichnet ihn als den »Geist der Weisheit und des Verstandes, der Geist des Rates und der Kraft, der Geist der Erkenntnis und Furcht des HERRN« (Jesaja 11,2).

Hier sehen wir einen weiteren Aspekt von Gottes Führen. Gott möchte uns durch Weisheit führen. Weise werden wir vor allem durch das Lesen, Verstehen, und Umsetzen von Gottes Wort. Aber dazu brauchen wir den Geist Gottes. Wachstum in Weisheit ist ein übernatürlicher Prozess, denn der Geist Gottes nimmt das Wort Gottes, wendet es auf unsere Herzen an und bringt uns in eine ehrfürchtige Beziehung zu Gott, dessen Willen wir nun gerne tun.[64]

Wir sehen also: Weisheit besteht darin, dass wir durch den Geist verstehen lernen, was Gott uns sagt, uns korrigieren lassen

---

64 Siehe Psalm 143,10; Hesekiel 36,27; 1. Johannes 3,24; 1. Korinther 2,10-15; Epheser 1,17.

und dass durch das *Zusammenwirken* von Gottes Geist und seinem Wort unser Denken verändert wird. Dieses veränderte Denken (bzw. die Weisheit) hilft uns, Gottes Willen zu erkennen.

Erwachsen werden

Ist es nicht ein unglaubliches Privileg, durch den Heiligen Geist sozusagen »Gottes Brille« aufzusetzen und die Welt und unser Leben immer mehr durch seine Augen zu sehen? Demzufolge gibt uns Gott nicht in jeder Situation Befehle, etwa durch Impulse oder andere subjektive Wahrnehmungen. Gott möchte uns durch sein objektives Wort fähig machen, auch dann zu handeln, wenn wir keine klare Weisung haben. Darauf werden wir im nächsten Kapitel noch näher eingehen.

Hier wird deutlich, dass Gott uns nicht alles vorschreibt, sondern uns auch eine gewisse Freiheit lässt, unsere eigenen Entscheidungen zu treffen. Gott will also, dass wir *erwachsen* werden.

Gerade sind meine Frau und ich damit beschäftigt, zwei Kleinkinder zu erziehen. Bei einigen unserer Erziehungsvorbilder haben wir Folgendes beobachtet: Kleine Kinder können sehr schlecht mit zu viel Freiheit umgehen. Sie brauchen klare Grenzen. Die Welt muss für sie ein Stück weit schwarz-weiß sein. Für ein Kleinkind wird es immer falsch sein, auf die befahrene Straße herauszurennen. Viele Entscheidungen nehmen wir unseren Kleinkindern ab: was sie essen sollen, wann sie ins Bett gehen, etc. Doch wenn sie älter werden, werden wir von ihnen erwarten, dass sie ihren Tagesrhythmus selbst vernünftig gestalten können. Ich erwarte von ihnen, dass sie vieles selbst entscheiden. Ich will ihnen deshalb immer weniger vorgeben. Das gehört ganz selbstverständlich zum Erwachsensein dazu.

Die Bibel ermutigt uns an mehreren Stellen, erwachsen zu werden (1. Petrus 2,2; Epheser 4,14; 1. Korinther 2,6; 14,20; 16,13). Paulus sagt, dass es ein Merkmal der »Söhne Gottes« sein wird, »durch den Geist Gottes geleitet« zu sein (Römer 8,14). Diese

Weise werden – und erleben, wie Gott führt

Aussage bedeutet im Kontext betrachtet, dass wir unsere alten, sündigen Angewohnheiten abtöten (V. 13). Das überrascht uns jetzt nicht, denn wir haben gesehen, dass unsere erste und wichtigste Berufung lautet: »Seid heilig!«[65] Aber der Punkt ist: Es sind vom Reifegrad her keine Kinder mehr, sondern verantwortliche Söhne, mündige Erben.[66]

Viele Geschichten von Männern und Frauen Gottes beweisen, dass Gott selbstständige, mutige Schritte belohnt. Mutig deshalb, weil wir auch Risiken eingehen dürfen. Ich hatte zum Beispiel oft schon den Eindruck, dass ich mit Menschen oder Menschengruppen auf der Straße über Gott ins Gespräch kommen sollte. Aber nie hat mir Gott einen klaren Befehl dazu gegeben. Oft sagte mir einfach mein Gewissen und mein Verstand, dass zu dem Zeitpunkt ein gewisses Handeln gut wäre. Im Nachhinein war ich immer froh, das »Risiko« eingegangen zu sein. Gott segnet Entscheidungen, die unter Gebet und dem Verlangen, nach seinem Willen zu handeln, gefällt werden. Oft sind wir uns nicht zu einhundert Prozent sicher, dass es richtig ist. Aber Gott segnet mutigen Gehorsam. Das zu wissen, ist befreiend.

Mich erfüllt das aber auch mit einem gewissen Verantwortungsbewusstsein. Gott will mit mir mehr erreichen als den Zustand eines Kleinkindes, dem er alles vorgekaut »in den Mund schieben« muss. Er möchte, dass ich heranreife zu einem Mitstreiter Gottes. Das erwartet er und fordert uns deshalb im Epheserbrief auf: »Seid nicht unverständig, sondern seid verständig, was der Wille des Herrn ist!« Wir sollen reifen in unserem Urteilsvermögen, in unserem Verstand. Der geistliche Mensch beurteilt alles und hat Christi Sinn (1. Korinther 2,15-16). Beachte, dass nirgendwo steht, dass der geistliche Mensch ein eins-zu-eins

---

65 Heiligung bedeutet immer bedingungslosen Kampf gegen Sünde in unserem Leben, was wiederum Römer 8,13 entspricht: »durch den Geist die Handlungen des Leibes *töten*.«

66 Paulus benutzt im Zusammenhang mit der Geistesleitung in Römer 8,14 *nicht* das Wort »Kinder« Gottes, sondern »Söhne« Gottes. In der damaligen Kultur hatten Söhne im Gegensatz zu Kindern bereits eine verantwortliche Stellung im Haushalt ihres Vaters. Vgl. Galater 3,23-26.

übertragbares »Kochrezept« für sein Leben hat! Stattdessen sollen wir die Gedanken Gottes mit der Hilfe seines Geistes stückweise nachvollziehen. Das führt zu einem reifen Urteilsvermögen; und wenn wir danach handeln, freut sich Gott darüber, wenn wir Entscheidungen treffen, die ihn ehren und seinen Willen zum Ausdruck bringen.

Ich vergleiche es mit einer Ehe. Wenn Mann und Frau viel Zeit zusammen verbringen, werden sie sich gegenseitig immer besser kennen lernen. Eines Tages geht der Mann einkaufen. Da er in Bezug auf die Dinge, die im Haushalt benötigt werden, etwas unsicher ist, schreibt ihm die Frau einen Einkaufszettel. Er klappert den Zettel gewissenhaft ab, aber am Ende stehen einige nicht genauer definierte Dinge: »Süßgetränk, Obst für Zwischendurch, Aufstrich.« Wenn er nun seine Frau gut kennt, wird er schon wissen: »Ah, sie meint wohl entweder Apfel- oder Ananassaft, diese mag sie besonders gerne. Bei Obst liebt sie alles, und wird sich bestimmt über diese Birnen freuen. Ah, hier den Frischkäse könnte sie auch mögen – oder lieber den Hüttenkäse? Egal, ich glaub sie mag beides. Frischkäse soll es sein!«

Und wenn seine Frau ihn wirklich liebt, wird sie auch alles schätzen, was er eingekauft hat und ihn für die geniale Idee mit den Birnen loben, denn sie fühlt sich von ihm verstanden. Ungefähr so ist es mit Gott. Wenn unsere Entscheidungen und Schritte im Leben mit Vertrauen und Liebe gewürzt sind, so sind sie wohlgefällig vor Gott. Gott nimmt unseren Dienst gnädig an, selbst wenn wir manchmal auch Zweifel haben, ob eine bestimmte Handlung genau richtig war. Das gibt uns Ruhe und Frieden, gerade wenn wir vor schwierigen Entscheidungen stehen.

Gefühle im Blick auf unsere Entscheidungen

Wir haben schon darüber nachgedacht, wie gefährlich es ist, wenn wir unseren Emotionen zu viel Autorität zumessen. Wir verachten letztlich Gott selbst, wenn wir unseren Gefühlen mehr

Weise werden – und erleben, wie Gott führt

folgen als seinem heiligen Wort, wenn beide nicht übereinstimmen.

Aber wir haben auch gesehen, dass wir unsere Gefühle nicht ignorieren sollen. Gefühle können uns sehr viel über uns selbst sagen. Wichtige Aspekte unseres Glaubenslebens (Freude, die Liebe zu Gott oder Hoffnung) haben mit Gefühlen zu tun![67]

Wir haben gesehen, dass Gefühle uns nicht zuverlässig führen können. Gefühle sollten also nie unser Kompass sein, aber man kann sie gut mit einem Fieberthermometer vergleichen. Sie geben uns Informationen über uns selbst, unsere Neigungen, Anliegen und Interessen.

Trotz unserer Tendenz, sündigem Begehren mehr zu folgen als Gottes Wort, können uns unsere Gefühle also Indizien geben, welche konkreten Dienste bzw. welche Arbeit uns liegen könnte. Paulus sagte einmal dazu, dass Leute, die nach einem Aufseherdienst trachten, dieses Werk *begehren* (1. Timotheus 3,1). Der Geist Gottes kann also durchaus ein heiliges Begehren in uns bewirken, dem wir nachgehen sollten.

Beobachte, welchen Eindruck bestimmte Erfahrungen auf dich machen! Wenn dich eine Sache weniger interessiert, ist sie vielleicht nicht deine große Lebensberufung. Frage dich: Wo ist mir die Ehre Gottes am wichtigsten? Wo bin ich zutiefst bestürzt, wenn Gott verunehrt wird? In meinem Fall kann ich sagen, dass ich mich sehr darüber aufrege, wenn in Predigten Gottes Herrlichkeit nicht herausgestellt wird. Das war für mich ein Anreiz dafür, den Predigtdienst anzustreben. Diese Richtung wurde schließlich durch positive Rückmeldung von anderen bestätigt. Ich durfte erleben, dass Gott durch meinen Dienst andere gesegnet hat. Die gelegentliche Kritik hilft dabei, in diesem Aspekt meiner Berufung zu wachsen und gibt mir die nötige Korrektur.

---

67 Siehe z. B., wie Petrus unseren Glauben im 1. Petrusbrief beschreibt. Er redet von einer »lebendigen Hoffnung« der Gläubigen, worin sie »jubeln« trotz der Bedrängnisse. Echte Gläubige haben einen »bewährten Glauben« und »lieben« Jesus, obwohl sie ihn nie gesehen haben, und sie freuen sich über ihn und jubeln »mit unaussprechlicher und verherrlichter Freude« (1. Petrus 1,3-9). Unser Glaubensleben hat also sehr viel mit Gefühlen zu tun!

Selbst wenn wir einen Weg eingeschlagen haben, brauchen wir alle ab und zu eine leichte Kurskorrektur.

Später, während meines Studiums, entdeckte ich plötzlich, dass ich gerne schreibe. So bin ich dazu gekommen, über geistliche Themen Beiträge zu verfassen. Ich erlebe in meiner Berufung Ähnliches wie Nadia in unserem Beispiel aus Kapitel 5. Durch Ausprobieren und durch verschiedene Erfahrungen wird unser Lebenskurs eingeschlagen, gelegentlich korrigiert, und Gott kann uns sogar mitten im Leben eine völlig neue Perspektive für unsere Berufung aufzeigen.

Außerdem möchte ich hier erwähnen, dass Gott uns auch manchmal durch die Umstände etwas zeigt. Gott benutzt Umstände, um uns zu führen. Beim Apostel Paulus, der Gottes Führung auf ganz verschiedene Weise erlebte, spielten bei seinen Entscheidungen auch die jeweiligen Umstände eine Rolle. Den Korinthern schrieb er, dass er beschlossen hatte, in Ephesus zu bleiben, weil sich ihm dort eine »große und wirksame Tür« aufgetan hatte (1. Korinther 16). Gott führt uns also offensichtlich auch durch Umstände und Gelegenheiten. Wenn sich zum Beispiel eine Gelegenheit ergibt, einen wirksamen Dienst zu tun, dann könnte es sein, dass Gott dich gerade momentan für diesen Dienst beruft.

Als Sünder Kritik annehmen

Ganz entscheidend für ein gesundes Wachstum in der Weisheit ist die Art, wie wir über uns selbst denken.

Unter »Suchen nach Gottes Willen« stellen wir uns manchmal einen Wanderer vor, der ganz vernünftig seine Karte studiert, um seine nächste Etappe zu planen. Aber eigentlich sind wir eher wie störrische Esel, die von ihrem Herrn mit allen möglichen Mitteln auf den richtigen Weg getrieben werden müssen. Gott beschreibt einmal sein Volk folgendermaßen:

»Sieh doch deinen Weg [...] du flinke Kamelstute, die sinnlos hin und her läuft! Eine Wildeselin, die Wüste gewohnt, – in

Weise werden – und erleben, wie Gott führt

ihrer Gier schnappt sie nach Luft; ihre Brunst, wer kann sie hemmen? [...] Aber du sprichst: ›Es ist umsonst, nein! Denn ich liebe die Fremden, und ihnen laufe ich nach.‹« (Jeremia 2,23-24).

Wir unterschätzen das Element *Sünde* bei unserer Suche nach Gottes Willen. Unser sündiges Herz will nämlich genau das Gegenteil: unseren eigenen Willen durchsetzen! Genau genommen ist biblische Weisheit in ihrem Kern eigentlich ein Ruf zur Umkehr (siehe z. B. Sprüche 1,20-31). Gottes Berufung ist damit auch ein Ruf, zum eigenen Willen »Nein!« zu sagen und – nach Matthäus 16,24-25 – sich selbst zu verleugnen und sein Leben zu verlieren.

Manchmal sage ich zu mir selbst: »Bilde dir ja nicht ein, dass du immer ehrlich nach Gottes Willen fragst!« Meine alte Natur hasst Gott und seine Wege, genauso wie es bei deiner alten Natur der Fall ist. Aber durch Gottes Weisheit werden wir uns dessen bewusst und sind dann bereit, seine Hilfe in Anspruch zu nehmen. Ja, durch Gottes Geist beginnt uns sein Wille sogar immer mehr zu schmecken und wir gehorchen ihm gerne.

Mich erstaunt es immer wieder, wie sehr diese Erkenntnis unserer sündigen Natur in meiner eigenen heranwachsenden Generation fehlt. In Gemeinden, Jugendstunden, Studentenkreisen oder dort, wo wir gerade Gott dienen, begegnen mir immer wieder Jugendliche, die ihre Probleme auf ihre Umstände oder auf andere Menschen projizieren, dabei aber völlig naiv in Bezug auf ihre eigene Verdorbenheit und Sündigkeit sind. In unserer Generation bitten wir Gott, uns zu führen, und reden gerne über »Erlebnisse mit Gott«. Wir sind uns aber oft nicht bewusst, wie sehr wir in unserem Handeln vielleicht Gott missachten oder sogar seine Gebote mit Füßen treten und grundlegende Tugenden wie Hilfsbereitschaft, Demut, Dankbarkeit, Genügsamkeit nicht im Geringsten beachten. Wir müssen hier wirklich aufpassen. Mit solchen Menschen hatte Jesus am meisten Mühe: Menschen, die dachten, sie seien moralisch »völlig gesund« (siehe z. B. Matthäus 9,10-13).

Wir brauchen ein gesundes Bewusstsein unserer eigenen Verdorbenheit, um Gottes Willen zu erkennen. Warum? Weil das ein gesundes Misstrauen gegenüber unserem eigenen Willen bewirkt.

Ich stand in den letzten Jahren einige Male vor der Frage, wie es bei mir beruflich weitergehen sollte. Ich erkenne in mir immer wieder die (sündige) Tendenz, in der Berufswahl so zu entscheiden, dass ich selbst dabei groß herauskomme. Das zu wissen, macht mich vorsichtiger bei meinen Entscheidungen. Ich vertraue mir selbst nicht. Als Folge bin ich offener geworden, auf den Rat anderer zu hören – vor allem auf den meiner Frau. Sie kennt schließlich auch meine sündigen Neigungen am besten.

Durch Sündenerkenntnis werden wir weniger überzeugt davon sein, dass wir *aus uns heraus* gute Entscheidungen treffen können. Eine weitere, ganz praktische Auswirkung ist, dass wir fähig werden, auf Kritik zu hören. König Salomo formulierte diese Weisheit einmal so: »Ein Dummkopf hält alles, was er tut, für recht, doch ein Weiser hört auf Rat« (Sprüche 12,15).

Wir haben wahrscheinlich schon alle mehr oder weniger direkt die tragischen Folgen erlebt, wenn Menschen Zurechtweisung nicht akzeptieren können. Viele meinen, sie müssten eine Bibelschule besuchen, um Gott »näher zu kommen«. Eigentlich müssten sie einfach damit beginnen, von weisen Menschen Korrektur anzunehmen!

Falscher Umgang mit Kritik und Rat kann ganze Königreiche spalten (siehe 2. Chronik 10). Und der Dummkopf im Buch der Sprüche merkt gar nicht, dass er Korrektur braucht:

»Wer Zucht [ein anderes Wort für Korrektur] liebt, liebt Erkenntnis; und wer Ermahnung hasst, ist dumm. Der Weg des Narren erscheint in seinen eigenen Augen recht, der Weise aber hört auf Rat. Siehst du einen Mann, der in seinen Augen weise ist? Für einen Toren gibt es mehr Hoffnung als für ihn. Wer auf sein Herz vertraut, der ist ein Tor; wer aber in Weisheit lebt, der wird entkommen.« (Sprüche 12,1.15; 26,12; 28,26)

Weise werden – und erleben, wie Gott führt

Das bedeutet auch, dass wir unsere Mitmenschen brauchen. Wir brauchen Vorbilder, Berater, Begleiter. Und wenn wir auf sie verzichten, werden wir von der Bibel als uneinsichtig betrachtet. »Wer sich absondert, sucht sein Begehren, gegen alle Umsicht platzt er los« (Sprüche 18,1).

Ganz praktisch: Hol dir also guten Rat! Suche Menschen, die weiser sind als du und höre auf sie. »Armut und Schande dem, der Ermahnung unbeachtet lässt; wer aber Zurechtweisung beachtet, wird geehrt« (Sprüche 13,18).

Bei wichtigen Entscheidungen können wir sogar mehrere Personen nach ihrem Rat fragen. »Pläne scheitern, wo keine Besprechung ist; wo aber viele Ratgeber sind, kommt etwas zustande« (Sprüche 15,22).

Wenn du Korrektur annehmen kannst, wirst du auch viel über deine Gaben lernen. Wenn du nur das Lob annimmst, wirst du deine Gaben falsch einschätzen – vor allem in Bezug auf die Bereiche, in denen du besser anderen das Feld überlassen solltest.

So folgt auch ganz natürlich, dass bei weitreichenden Entscheidungen – z. B. in die Mission zu gehen oder einen bestimmten Dienst in der Gemeinde anzutreten – die Bestätigung durch deine örtliche Gemeinde sehr wichtig ist. Dabei kommt es auf deine Haltung an. Gehst du auf die Ältesten zu und sagst: »Gott hat mir gezeigt, dass ... Könnt ihr mich aussenden?« Oder sagst du eher: »Ich habe den Eindruck, dass Gott vielleicht ... von mir möchte. Was meint ihr dazu?« Wie reagierst du, wenn sie dich zurückweisen? Kannst du eventuell einfach geduldig warten?

Würden deine Mitmenschen von dir sagen: »Der lässt sich korrigieren«? Wie bist du das letzte Mal mit Kritik umgegangen? Warst du eingeschnappt? Hast du angefangen, dein Verhalten zu erklären, oder rechtfertigst du dich vehement, wenn Kritik kommt? Wenn ja, dann lebst du auf dünnem Eis. Ein Dummkopf ist letztlich, wer sein Haus auf Sand baut. Der Sturm wird kommen, und er wird mitsamt seinen Plänen untergehen. Es gibt nur diese zwei Optionen: Korrektur anzunehmen lernen, oder völlig an Gottes Willen vorbeizuleben.

Im Wort Gottes wachsen

Ich habe im Abschnitt »Wie der Heilige Geist uns führt« folgende Aussage gemacht: Weisheit besteht darin, dass wir durch den Geist verstehen lernen, *was Gott uns sagt*, uns korrigieren lassen und dass durch das Zusammenwirken von Gottes Geist und *seinem Wort* unser Denken verändert wird. Dieses veränderte Denken bzw. die Weisheit hilft uns, Gottes Willen zu erkennen.

Und im Abschnitt »Herr, erneuere mein Denken!« behauptete ich: Wer Gottes Führung erfahren will, *muss* die Bibel studieren.

Wir tendieren dazu, Gottes Wort zu unterschätzen. Wir müssen das Vertrauen in die Bibel wiederfinden, wenn wir Gottes Willen für unser Leben erkennen wollen. Dieses Vertrauen wird auch von den Autoren der Bibel ausgedrückt: »Eine Leuchte für meinen Fuß ist dein Wort, ein Licht für meinen Pfad« (Psalm 119,105).

Wir benutzten im genannten Abschnitt das Bild vom Schwamm, der sich mit Wasser vollsaugt. Genauso sollen wir unser Denken mit dem biblischen Welt- und Menschenbild, mit Gottes Sicht auf die Realität vollsaugen lassen. Wenn wir dann in einer Situation »unter Druck geraten« kommt eine Handlung bzw. eine Entscheidung hervor, die Gott gefällt.

Dieses »Vollsaugen mit der Bibel« bedeutet betendes, Gott suchendes Bibelstudium – und das kontinuierlich und beständig. Das ist entscheidend dafür, ob wir Gottes Führung in unserer alltäglichen Berufung erleben werden.

Bibelstudium bedeutet, danach zu streben, Bibeltexte wirklich zu *verstehen*. Einen Bibeltext haben wir erst verstanden, wenn wir verstanden haben, was sein Autor sagen wollte. Erst dann werden wir Gottes Eigenschaften und sein Handeln mit dem Menschen immer mehr begreifen – wie der Mann, der »über Gottes Gesetz Tag und Nacht sinnt« (Psalm 1,2). Auf gut Deutsch: Wir Christen müssen nachdenkliche Menschen werden. Wie soll denn sonst unser *Denken* verändert werden (Römer 12,2), wenn wir nicht bereit sind, tief und lange über die Bibel nach-zu-*denken*? Wir werden unsere Berufung nicht entdecken, wenn wir nicht bereit sind, die Bibel intensiv zu studieren.

Weise werden – und erleben, wie Gott führt

Viele zögern beim Gedanken, jedem Christen ein intensives Bibelstudium aufzudrängen. »Man muss doch nicht so gründlich und genau an die Sache herangehen. Der Heilige Geist hilft uns doch, die Texte zu verstehen!«, wird oft gesagt. »Mach einfach deine Stille Zeit oder lies einfach einige Verse und lass sie auf dich wirken!«
Der Geist Gottes hilft uns beim Bibellesen.[68] Aber viele ziehen daraus den Schluss, dass sie sich dabei nicht so viel Mühe machen müssen. Die Tatsache, dass wir die Bibel übernatürlich, also durch den Heiligen Geist, lesen sollen, erfordert von uns *nicht weniger* Aufwand, als andere Bücher zu lesen und zu verstehen, sondern *mehr*. Gott hat uns mit einem Verstand ausgerüstet. Wir sollen ihn mit diesem Verstand lieben (Matthäus 22,37-39) und unseren ganzen Verstand einsetzen. Zusätzlich erleben wir das übernatürliche Wirken des Heiligen Geistes, der das Wort Gottes erleuchtet und auf unser Leben anwendet (d. h. wir beginnen »Geistliches« zu verstehen, 1. Korinther 2,13-14). Dies geschieht allerdings nicht, indem das sorgfältige Lesen und Studieren des Bibeltextes übersprungen wird. Biblische Lehrtexte, Geschichten und Gedichte sind oft nicht ohne Weiteres verständlich und ihr richtiges Verstehen erfordert Fleiß und Ausdauer. Verstehen muss gelernt werden, unter »Schweiß« und mit aller Kraft:

»Mein Sohn, wenn du [...] dein Herz dem Verständnis zuwendest, ja, wenn du den Verstand anrufst, zum Verständnis

---

[68] Der Heilige Geist ist absolut nötig, damit wir vom Text überführt werden, unsere Seele betroffen wird von den Wahrheiten und damit wir nicht gleichgültig gegenüber Gottes Wort bleiben. Es braucht also übernatürliches Lesen – Gottes übernatürliche Hilfe. Aber das vermindert nicht unsere Verantwortung, uns mit aller Kraft und unserem ganzen Verstand mit den biblischen Texten auseinanderzusetzen. Wie genau der Geist Gottes uns beim Bibellesen hilft, soll hier nicht weiter ausgeführt werden. Englischsprachigen Lesern empfehle ich zu diesem Thema J. P. Moreland: *Love Your God with All Your Mind*. Colorado Springs: NavPress 1997; John Piper: *Reading the Bible Supernaturally: Seeing and Savoring the Glory of God in Scripture*. Wheaton, Ill.: Crossway 2017.

erhebst deine Stimme, wenn du es suchst wie Silber und wie Schätzen ihm nachspürst, dann wirst du verstehen die Furcht des HERRN und die Erkenntnis Gottes gewinnen.« (Sprüche 2,1-5)

Das Buch der Sprüche beschreibt das Suchen nach Verständnis als etwas Dringendes. Es ist so dringend, als sei der Verstand fähig, uns zu hören, und wir dazu verpflichtet, ihn mit lauter Stimme anzurufen (V. 3). Mit so viel Fleiß und Ausdauer, wie Minenarbeiter nach kostbaren Bodenschätzen forschen und dabei jede Menge körperlicher Strapazen auf sich nehmen (V. 4). Erst dann öffnet der Geist Gottes die Bibel für unseren Verstand und unser Herz und wir lernen Gott kennen (V. 5-6).

Podcasts, Bücher, Mitmenschen und Jesus Christus

Wir verstehen die Bibel zu einem großen Teil dadurch, dass andere sie uns erklären (Apostelgeschichte 8,31; Epheser 4,11-13). An dieser Stelle empfehle ich die geniale Serie *Im Vogelflug durch die Bibel*. Hanniel Strebel erklärt in zwanzig- bis fünfzigminütigen Podcasts, wie die einzelnen Bücher der Bibel aufgebaut sind und was deren Hauptthemen sind. Dabei bekommst du auch hilfreiche Tipps für das Verstehen der Botschaft der jeweiligen Bibelbücher in Bezug zum roten Faden der Bibel.[69]

Auch Bücher können sehr helfen, die Bibel als Ganzes zu verstehen, indem sie z. B. einzelne Themen durch die Schrift hindurch verfolgen oder indem sie uns Anleitung geben, wie wir möglichst viel aus unserem persönlichen Bibellesen mitnehmen können.

Hier empfehle ich das Buch *Tiefer Graben*. Es richtet sich besonders an junge Leute und hilft schon in kurzer Zeit, im per-

---

[69] »Im Vogelflug durch die Bücher der Bibel«. Erschienen im christlichen Literatur-Blog NIMM LIES vom 14.01.2019. https://www.nimm-lies.de/im-vogelflug-durch-die-buecher-der-bibel/13172 (Stand: 17.02.2020).

Weise werden – und erleben, wie Gott führt

sönlichen Bibelstudium voranzukommen. Die Lektüre kannst du auch gut mit anderen Christen zusammen in einer Gruppe durcharbeiten.[70]

Die Missionsgesellschaft *Precept Ministries* hat einen sehr hilfreichen Internetauftritt, wo du *induktives Bibelstudium* von den Basics auf lernen kannst.[71]

Auch bei der Wahl der Bücher zur Bibel kannst du Gott um Weisung bitten. Diese sollten eng an biblischen Texten arbeiten und von diesen ausgehend argumentieren. Mit der Zeit lernt man zu erkennen, wann ein Autor wirklich den Sinn der Bibel widergeben möchte und wann nicht. Du tust gut daran, Bücher sorgfältig auszuwählen, denn Bücher sind wie Pilze. Gute sind sehr nahrhaft, schlechte können – vor allem jungen Christen – sehr schaden. Wie bei Pilzen muss man lernen, zwischen genießbar und giftig zu unterscheiden.

Auf unserer Suche nach »neuen Pilzen« sind wir manchmal in Gefahr, die altbewährten und getesteten Autoren zu vernachlässigen. Fast noch wichtiger als zeitgenössische theologische Werke sind für mich die »alten Bücher« – die Klassiker der christlichen Literatur. Hast du z. B. schon das am meisten übersetzte Buch neben der Bibel gelesen, die *Pilgerreise*[72] von John Bunyan? Viele Menschen bezeugen, wie sehr es ihnen in ihrem persönlichen Glaubensleben geholfen hat. Auch ein alter Klassiker mit dem Namen *Seid Heilig!*[73] war für mein persönliches Wachstum im Glauben ein unglaublich großer Segen!

Erkundige dich doch bei einigen der leitenden Brüder in deiner Gemeinde. Durch welche Bücher wurden sie in ihrer Nachfolge geprägt? Suche dir Christen, die Gottes Wort als ihren Lebensmaßstab nehmen und fröhliche, attraktive Nachfolge praktisch vorleben. Frage sie doch, welche Bücher sie am nachhaltigs-

---

70 Nigel Beynon, Andrew Sach: *Tiefer graben. Werkzeuge, um den Schatz der Bibel zu heben.* Augustdorf: Betanien Verlag 2019.
71 Siehe »Was ist induktives Bibelstudium?« In: Precept-Ministries vom 16.03.2017. https://www.precept-ministries.de/induktiv/ (Stand: 06.11.2019).
72 John Bunyan: *Die Pilgerreise.* 5. Aufl, Witten: SCM R. Brockhaus 2015.
73 J. C. Ryle: *Seid heilig!* Friedberg: 3L Verlag 2005.

ten geprägt haben. Man erkennt gute Bücher oft an ihren guten Früchten bei den Menschen, die sie gelesen haben.

Wenn du nach Gottes Willen suchst, indem du diesen Weg der biblischen Weisheit gehst, bist du in guter Gesellschaft. Unzählige Christen, durch die Jahrhunderte, suchten auf diese Art und Weise Gottes Willen. Aber wir sollten diesen Weg nicht zuletzt deshalb wählen, weil *Gott selbst ihn vor uns gegangen ist.* Jesus Christus hat uns nämlich gezeigt, wie man nach Gottes Willen lebt.

Wie hat er Gottes Willen erkannt? Wie lernte er zu sehen, was sein Vater mit ihm vorhatte? Wie wurde er »Gottes Weisheit« in Person (siehe 1. Korinther 1,30). Wie lernte er Weisheit, denn auch er musste »an Weisheit zunehmen« (Lukas 2,52)?

Die Antwort lautet natürlich, dass er in den Schriften des Alten Testaments Fortschritte machen musste (vgl. Lukas 2,52 mit 2,46-47)! In seinen vielen Antworten sehen wir beides: Perfekte Weisheit und perfektes Verständnis der Heiligen Schrift (wie z. B. in Johannes 10,33-35). Er – Gott selbst, Mensch geworden – studierte Gottes Wort. Wie können *wir* uns dann anmaßen, diese Quelle göttlicher Weisheit zu vernachlässigen?

Auf den Punkt gebracht ...

Wenn wir Gottes Führung erleben wollen, *müssen wir weise werden.* Diese Weisheit ist, im Wesentlichen, ein *verändertes Denken*, das wiederum durch das *Verstehen von Gottes Wort* entsteht. So können wir ganz allgemein formulieren, wie Gott seine Söhne und Töchter mündig macht und wie er sie führt. Aber welche Rolle spielt das – ganz konkret – für deine und meine tägliche Entscheidungsfindung? Darum soll es im folgenden Kapitel gehen.

7 Entscheidungen treffen – unter Gottes Führung

»Mein Fels und meine Festung bist du;
und um deines Namens willen führe mich und leite mich!«
(Psalm 31,4)

»Das Herz des Menschen plant seinen Weg,
aber der HERR lenkt seinen Schritt.« (Sprüche 16,9)

In seinem Buch »Mein Leben – Sein Plan« vergleicht James C. Petty das Leben mit dem Flug eines Airline-Piloten. Dieser Pilot sucht angestrengt nach einem sicheren Landeplatz. Die Navigation seines Flugzeugs voller Passagiere wird noch zusätzlich durch schlechte Sicht- und Wetterverhältnisse erschwert. Jede Entscheidung kann große Konsequenzen nach sich ziehen. Die Folgen eines falschen Kurses wären fatal. Er wird jedes ihm verfügbare Navigationsmittel zu Hilfe nehmen, um die Last der Verantwortung angemessen tragen zu können.[74]

Wir fällen fast täglich Entscheidungen, die große Auswirkungen haben auf unsere Beziehungen, auf unsere Arbeit und Ausbildung oder sogar auf unsere grundsätzliche Ausrichtung im Leben. Kennst du das Gefühl, dass du dir wie ein solcher Airline-Pilot im Nebel vorkommst? Dir ist klar, dass du Entscheidungen treffen musst – aber du willst auch keinen Fehler dabei machen!

---

[74] James C. Petty: *Mein Leben – sein Plan. Gottes Führung erkennen.* Friedberg: 3L-Verlag 2006. Originaltitel: *Step By Step – Divine Guidance For Ordinary Christians.*

Früher wurde vieles von anderen Personen entschieden. Die heutige Generation trifft im Vergleich zu früheren wohl die meisten Entscheidungen im Verlauf eines ganz normalen Lebens selbst. Als unsere Urgroßeltern Teenager waren, war es üblich, dass der Sohn ganz einfach den Beruf seines Vaters erlernte. Die Frauen wurden in die häusliche Arbeit eingewiesen und übernahmen wie selbstverständlich ihre Rolle als Hausfrau. Und Familienplanung? Ohne Verhütungsmittel gab es da nicht viel Spielraum. Vielen wurde selbst die Entscheidung, wen sie heiraten sollten, abgenommen. Oder ganz banal: Früher gab es vier bis zehn Gemüsesorten aus dem Garten und Kartoffeln dazu. Und heute? Wer war noch nie überfordert mit der riesigen Auswahl und Optionenvielfalt in unseren Supermärkten!

Als ich zum Glauben an Jesus fand, wurde vieles für mich einfacher. Wenn ich davon überzeugt bin, dass das christliche Weltbild die Wahrheit ist, werden viele meiner Entscheidungen ganz einfach sein. Gott hat zu vielen meiner Entscheidungen in der Bibel seinen Willen offenbart.

Auch für dich gilt: Wenn du darauf vertraust, dass Gottes Wille die beste Option ist, wirst du nicht endlos die Meinungen anderer Menschen abklappern, hin und her überlegen oder – aus lauter Angst, falsch zu entscheiden – Entscheidungen vor dir herschieben. Du wirst stattdessen fröhlich *seinen Willen* tun, da du seiner Weisheit und Güte vertraust.

Wie entscheide ich, wenn die Bibel keine Anweisung gibt?

Aber nicht alles ist für Christen einfacher. Wir wollen z. B. so entscheiden, dass es Gott gefällt. Das Problem ist jedoch: Die Bibel spricht nicht immer in jede Situation hinein. Sie gibt uns bei vielen Entscheidungen keine konkreten Anweisungen. Manchmal kann man ähnliche Situationen in der Bibel erkennen und aus den weisen Entscheidungen der biblischen Charaktere lernen. Aber manchmal auch nicht. Und bei vielen Erzähltexten

Entscheidungen treffen – unter Gottes Führung

der Bibel wird dem Leser gar nicht gesagt, ob diese oder jene Entscheidung tatsächlich gut war oder nicht!

Dieses Buch hat mit vielen absoluten Aussagen begonnen, z. B. dass Gott auf jeden Fall will, dass du heilig lebst. Aber wir sehen langsam, dass Gott uns eine gewisse Freiheit lässt – er gibt uns nicht für jede Entscheidung eindeutige Anweisungen.

Die Welt ist in vielerlei Hinsicht nicht schwarz-weiß. Und die vielen Graubereiche des Lebens oder die Nebel der Ungewissheit können uns schnell verwirren oder ängstigen: Welchen Mann bzw. welche Frau soll ich heiraten? Soll ich überhaupt heiraten? Wie soll ich meine Familie – insbesondere finanziell – absichern? Wie viel Geld soll ich für welche Dinge ausgeben? Welchen Beruf soll ich erlernen? Welches Paar Socken soll ich heute anziehen? Soll ich die Essensreste für den nächsten Tag aufbewahren oder lieber entsorgen?

Man könnte einfach pragmatisch die Frage stellen: Was kann schief gehen, wenn ich mich hier falsch entscheide? Was ist die Tragweite der Entscheidung? Wenn sie klein ist, verschwende ich keine Zeit und entscheide mich einfach für eine Option, die mir sinnvoll erscheint. Die Welt geht nicht unter, wenn ich die falschen Socken trage. Also nehme ich einfach die erstbesten. Ich verwende meine Zeit und Energie lieber für die wirklich wichtigen Entscheidungen. Warum sollte ich mir also den Kopf über Dinge zerbrechen, die sowieso keine großen Konsequenzen nach sich ziehen?

Aber was ist mit den wirklich wichtigen Entscheidungen? Das sind die Entscheidungen, bei denen wir uns oft vorkommen wie der erwähnte Airline-Pilot. Wie handeln wir in Situationen, in denen wir *auf keinen Fall* eine falsche Entscheidung treffen sollten?

Woran müssen wir glauben?

Als erstes ist es wichtig zu sehen, dass jeder Mensch seine Entscheidungen innerhalb eines Glaubenssystems fällt. Keiner entscheidet »einfach so«, sondern wir alle müssen gewisse Dinge glauben, um überhaupt auf eine rationale Art und Weise Entscheidungen zu treffen. Lass mich das an zwei Personen veranschaulichen:

Max glaubt, dass er aufgrund seiner schlimmen Vergangenheit für seine Entscheidungen nicht verantwortlich ist.

Moritz ist überzeugt, dass er trotz seiner schlimmen Vergangenheit für jede seiner Entscheidungen verantwortlich ist.

Beide, Max und Moritz, haben ein gewisses Glaubenssystem. Ihre jeweilige Sicht auf ihre Verantwortung ist lediglich ein Teil ihres Glaubenssystems. Z. B. glauben die meisten Menschen auch daran, dass sie mit ihren Entscheidungen ihre eigene Zukunft beeinflussen können, etc. Was sofort ersichtlich ist: Max und Moritz werden *unterschiedlich* an Entscheidungen herangehen. Ihre Art, wie sie entscheiden, wird durch ihr jeweiliges Glaubenssystem bestimmt.

In diesem Kapitel werden wir zunächst überlegen, welche Grundwahrheiten uns die Bibel liefert, um als Christen gottgefällig zu entscheiden. An welche biblischen Wahrheiten müssen wir glauben – sei es bewusst oder unbewusst –, um *weise* zu entscheiden?

Wir beginnen dort, wo die Bibel bei praktisch jedem Thema beginnt: bei Gott. Wir werden feststellen, dass das Glaubenssystem, mit welchem wir an Entscheidungen herangehen sollen, erst einmal wenig mit uns und unseren Eigenschaften oder Fähigkeiten zu tun hat, sondern mit Gott und seinem Willen.

Gottes moralischer Wille

Gott sagt in seinem Wort in vielerlei Weise und Situationen, was er *will*. Er stellt Forderungen, erlässt Gesetze, ruft zur Umkehr auf. Wir nennen diesen Willen Gottes seinen *moralischen* Willen.

Wenn Jesus sagt: Nur »wer den *Willen meines Vaters* tut, der in den Himmeln ist«, wird in das Reich der Himmel hineinkommen (Matthäus 7,21) spricht er von diesem *moralischen* Willen

Gottes an uns, z. B. dass wir umkehren und uns nach Gottes Geboten richten sollen. »Du sollst nicht töten!« (2. Mose 20,13) – so verkündete Moses Gottes moralischen Willen. Und Petrus predigte den Willen Gottes zu den Volksmengen in Jerusalem: »So tut nun Buße und bekehrt euch, dass eure Sünden ausgetilgt werden!« (Apostelgeschichte 3,19).

Gottes moralischer Wille wird oft mit großer, wehmütiger Dringlichkeit ausgedrückt: »Gott *will*, dass alle Menschen errettet werden und zur Erkenntnis der Wahrheit kommen. Denn ich habe kein Gefallen am Tod dessen, der sterben muss, spricht der Herr, HERR. So kehrt um, damit ihr lebt!« (2. Timotheus 2,4 und Hesekiel 18,32).

Wir können zwei Tatsachen von allen diesen Bibelstellen ableiten, nämlich:

1. Gottes moralischer Wille stellt alle Menschen in eine Verantwortung. Gott fordert vom Menschen eine Antwort auf seinen Ruf. Wir sind verantwortlich, uns für seinen moralischen Willen zu entscheiden. Aber:
2. Gottes moralischer Wille wird oft von Menschen verworfen und nicht erfüllt. Gottes Gebote werden immer wieder gebrochen. Nicht jeder »tut den Willen meines Vaters, der in den Himmeln ist«. Mord ist keine Seltenheit. Nicht jeder tut Buße und bekehrt sich. Viele werden sterben, weil sie nicht umkehren und leben wollen. Gottes moralischer Wille trifft nicht immer ein.

Wer aber mit der Bibel vertraut ist, wird wissen, dass damit noch nicht alles über Gottes Willen gesagt worden ist ...

Gottes souveräner Wille

Man findet relativ schnell auch Bibelstellen, die sagen, dass Gottes Wille *immer* geschieht. In den Psalmen z. B. lesen wir Aussagen wie:

»Unser Gott ist im Himmel;
alles, was ihm wohlgefällt, tut er.« (Psalm 115,3)

Alles, was Gott *will*, das tut er auch. Oft zeichnen solche biblischen Statements einen Kontrast zwischen Gott und uns Menschen, denn selbst ganze Völker erreichen häufig nicht das, was sie wollen (z. B. in Psalm 2).

Paulus sagt, dass »wir vorherbestimmt waren nach dem Vorsatz dessen, der *alles nach dem Rat seines Willens wirkt*« (Epheser 1,11). Alle Dinge werden nach dem Rat seines Willens gewirkt. Aber sind hier wirklich *alle* Dinge gemeint? Auch z. B. Unheil und Leid?

»Ich bin der HERR – und sonst keiner –, *der das Licht bildet und die Finsternis schafft, der Frieden wirkt und das Unheil schafft*. Ich, der HERR, bin es, der das alles wirkt.« (Jesaja 45,5-7, siehe auch Klagelieder 3,37-38; Hiob 1,21; 2,5; 42,11).

Das größte Unheil für die damaligen Israeliten war die Eroberung durch das Volk der Assyrer. Die Assyrer waren eines der gewalttätigsten Völker der Menschheitsgeschichte. Sie taten ihren Feinden solch schreckliche Dinge an, dass es ganze Dörfer gab, die beim Ruf: »Die Assyrer kommen, die Assyrer kommen!« Selbstmord begingen, um nicht in ihre Hände fallen zu müssen. Aber selbst dieses grausame Volk wurde von Gott benutzt, sein eigenes Volk wegen seiner Sünden zu züchtigen. Selbst die Assyrer mussten letztlich Gottes Willen ausführen. Die Assyrer werden von Gott »die Rute meines Zorns« genannt (Jesaja 10,5) und Gott sagt: »Gegen eine gottlose Nation *sende ich* Assur und gegen das Volk meines Grimmes *entbiete ich ihn*, Raub zu rauben und Beute zu erbeuten und es zertreten zu lassen wie Straßenkot« (V. 6). Obwohl die Assyrer Gottes moralischem Willen nicht gehorchten (Verse 7-19), mussten sie seinem endgültigen, zielgerichteten Willen dienen. Wie die Axt eines Holzfällers wurde dieses Volk von Gott als Werkzeug des Gerichts eingesetzt (V. 15). Obwohl sie Gott verachteten (V. 11), dienten sie seinem Willen.

Entscheidungen treffen – unter Gottes Führung

Gott hat also offensichtlich einen Plan bzw. einen Willen, der endgültig und zielgerichtet ist und von niemandem vereitelt werden kann. Dabei mag alles Mögliche gegen seinen moralischen Willen geschehen. Aber dieser endgültige, zielgerichtete Wille wird immer zustande kommen. Und Gottes endgültiger Entscheid, sein souveräner Wille, erstreckt sich über alle Geschehnisse im Universum und letztlich über jedes kleinste Detail in unserem Leben (Epheser 1,11; Psalm 115,3; Matthäus 10,29-31).

Hiob und Nebukadnezar erkannten beide, dass Gottes souveräner Wille von *niemandem* vereitelt werden kann:

»Ich habe erkannt, dass du alles vermagst und kein Plan für dich unausführbar ist.« (Hiob 42,2)

»Und alle Bewohner der Erde sind wie nichts gerechnet, und nach seinem Willen verfährt er mit dem Heer des Himmels und den Bewohnern der Erde. Und da ist niemand, der seiner Hand wehren und zu ihm sagen könnte: Was tust du?« (Daniel 4,32)

Es macht tatsächlich Sinn, zwischen Gottes moralischem Willen und seinem souveränen Willen zu unterscheiden. Während Gottes *moralischer* Wille von uns Menschen verworfen werden kann, kann niemand und nichts seinem *souveränen* Willen widerstehen oder seine Pläne vereiteln.

Dem einen oder anderen Leser mag das Unterscheiden zwischen moralischem und souveränem Willen Gottes seltsam erscheinen. Aber es gibt genügend Beispiele in unserem Erfahrungsbereich, die zeigen, dass wir Menschen manchmal auch zwei verschiedene Willen haben. Stellen wir uns z. B. einen Richter vor, der seine Aufgabe gewissenhaft ausführt. Er will Unschuldige stets schützen und Schuldige verurteilen. Nehmen wir nun an, sein bester Freund wird unter großer Beweislast angeklagt, einen Mord begangen zu haben. Der Richter wird einerseits seinen Freund verschonen *wollen*, anderseits *will* er gerecht richten. Er wird sich, sollte er seinen Prinzipien treu bleiben, gegen den ersten Willen entscheiden – zugunsten des zweiten Willens.

Von Gott berufen · Kapitel 7

So ähnlich könnte es bei Gott sein. Gott ist allmächtig. In seiner Allmacht führt er manchmal Dinge so, dass sie zwar seinen moralischen Willen nicht erfüllen, aber seinem souveränen Willen dienen. Dies tut er, ohne selbst zu sündigen oder aktiv Sünde in anderen zu wecken.[75] Wer die zahlreichen biblischen Beispiele dafür studieren will, den verweise ich auf die Bibelstellen in der Fußnote.[76]

Für unseren Zweck genügt es, die beiden Willen Gottes einmal einander gegenüberzustellen. Wir wollen dabei vor allem sehen, wie uns die biblische Beschreibung von Gottes Willen ein festes Fundament für unsere Entscheidungen liefern kann.

---

75 Siehe 1. Könige 22,20-23; Klagelieder 3,33; Jakobus 1,13.

76 Acht Beispiele, wo Gottes souveräner Wille und sein moralischer Willer einander entgegengesetzt waren:

(1) Gott plagt die Menschen nicht »von Herzen« (Klagelieder 3,33) aber trotzdem ist das schreckliche Schicksal Jerusalems von Gott *gewollt* (V. 38). (2) Gott *will*, dass Pharao sein Volk ziehen lässt und er befielt es dem Pharao durch Moses, aber Gott *will*, dass Pharao während der weiteren vier Plagen sein Volk *nicht* ziehen lässt (2. Mose 9,12-13), damit Gottes Name bekannt wird (V. 16, siehe auch Römer 9,17). (3) Gott *fordert* Abraham *auf*, seinen einzigen Sohn zu opfern (2. Mose 20), aber Gott *wollte* nie zulassen, dass Abraham den Befehl tatsächlich ausführen muss! (4) Nachdem David das Heer gezählt hat, merkt er: »Ich habe sehr gesündigt in dem, was ich getan habe« (2. Samuel 24,10). Also hat er *gegen* Gottes Willen gehandelt. Aber Gott *reizte* David, das Heer zu zählen (2. Samuel 24,1). (5) Der Hass der Ägypter gegen die Israeliten ist falsch in Gottes Augen und *verstößt gegen* seinen *moralischen* Willen. Aber Psalm 105,25 sagt, dass Gott »das Herz der Ägypter wandelte, damit sie sein Volk hassen, Arglist zu üben an seinen Knechten.« (6) Gott forderte sein Volk auf, die Worte seines Bundes zu bewahren und zu tun (5. Mose 29,8), aber er hat in seinem souveränen Willen beschlossen, ihnen »kein Herz gegeben zu erkennen, noch Augen zu sehen, noch Ohren zu hören« (V. 3). (7) Der Verrat des Judas (Matthäus 26,23-25; Johannes 13,18.21) und (8) die Verurteilung und Kreuzigung Jesu (Lukas 22,22; Apostelgeschichte 4,26-28; Jesaja 53,10) waren beide von Gott geplant und gewollt, aber verstießen völlig und krass gegen seinen moralischen Willen.

Weitere Beispiele für Gottes souveränen Willen: Psalm 115,3; Epheser 1,11; Römer 9; Johannes 10; Johannes 12,37-40; Jesaja 10,5-6; 45,5-7; 46,9-10; Sprüche 16,4; 16,33; 19,21; 21,1 (siehe auch 1. Petrus 2,8; Judas 4; Römer 9,22); Jesaja 63,17; Jeremia 10,23; 2. Timotheus 2,24-26; Offenbarung 17,17.

Entscheidungen treffen – unter Gottes Führung

Während die vielen Bibelstellen, die Gottes moralischen Willen beschreiben, uns *in eine Verantwortung hineinführen*, willentlich Gott zu gehorchen, geben die Bibelstellen, die Gottes souveränen Willen beschreiben, seinen Kindern *Sicherheit* und *Zuversicht*, da sie wissen, dass dieser Wille *immer* eintrifft. Wir können diese Gegenüberstellung in einer Tabelle übersichtlich aufzeigen:

Gottes moralischer Wille	Stellt alle Menschen in eine Verantwortung	Kann vom Menschen verworfen werden
Gottes souveräner Wille	Gibt seinen Kindern Sicherheit	Trifft immer ein.

Im Anhang dieses Buches werden wir uns näher damit befassen, wie dieser sichere, endgültige, zielorientierte bzw. souveräne Wille Gottes unsere Berufung und Rettung geplant hat. Wir werden sehen, dass deswegen unsere Berufung genauso sicher und unwiderruflich ist wie der ewige Ratschluss Gottes. Aber Folgendes ist für unser Thema »Entscheidungen« wichtig: Gott ist völlig souverän über jeden Menschen (sowohl über Christen als auch über die Gottlosen). Das hat weitreichende Auswirkungen auf unsere alltäglichen Entscheidungen. Gottes Souveränität ist kein Thema für Theoretiker. Sie betrifft uns persönlich und gibt uns ein stabiles Fundament, wenn wir vor Entscheidungen stehen.[77]

---

[77] Siehe dazu Thomas Schirrmacher: *Wie erkenne ich den Willen Gottes? Führungsmystik auf dem Prüfstand*. Hamburg: Reformatorischer Verlag Beese 2001. Für eine leicht verständliche Einführung in das Thema »Wille Gottes und unsere Entscheidungen« siehe Kevin DeYoung: *Leg einfach los! Ein befreiender Weg, Gottes Willen zu entdecken*. Augustdorf: Betanien Verlag 2017.

Entscheiden unter Gottes Führung

Ein »Rundumblick« auf die Bibel zeigt, dass Gott einerseits die Menschen zu einem heiligen Leben auffordert, aber auch seinen souveränen Willen ausführt. Diese beiden Tatsachen stellen uns einerseits in eine Verantwortung, uns willentlich für ein heiliges Leben zu entscheiden, aber auch in eine Abhängigkeit zu dem Gott, der in seinen Versprechen absolut zuverlässig ist, weil nichts und niemand seinen Willen vereiteln kann.

Diese Sichtweise auf Gott und seinen Willen wird viele verschiedene Empfindungen bei uns Menschen hervorrufen (siehe dazu Seiten 112 bis 119). Eine bevorstehende Entscheidung kann uns manchmal sehr verzagt machen. Aber Gott möchte uns von der Last der Entscheidung wegbewegen, hin zu einer gesunden Ehrfurcht vor und Bewunderung für Gott selbst, der letztlich unsere Zukunft im Griff hat.

Wie gesagt: Wenn die Bibel klare Anweisung gibt, wenn Gott also seinen moralischen Willen offenbart hat, ist es an uns zu gehorchen, wenn wir seine Berufung leben wollen. Aber auch wo dies nicht der Fall ist, können wir lernen,

1. sowohl verantwortlich zu entscheiden als auch
2. zu vertrauen, dass Gott seine Ziele in unserem Leben durchsetzen wird.

Mit anderen Worten:

1. Du bist *völlig* verantwortlich, deine Entscheidungen bestmöglich nach Gottes offenbartem moralischen Willen zu fällen. Du sollst gründlich über deine Zukunft nachdenken, gut planen und mit aller Kraft versuchen, sie positiv zu beeinflussen.
2. Wie es auch kommt, deine Zukunft hängt *völlig* von Gott ab.

Merkwürdig, nicht wahr? Aber ich denke, dass diese zwei Wahrheiten die Essenz des biblischen Entscheidungsdenkens wieder-

Entscheidungen treffen – unter Gottes Führung

geben. Aber um das deutlicher zu sehen, müssen wir uns zuerst mit einigen Texten aus der Bibel beschäftigen.

Ich schlage vor, dass wir gemeinsam einige Texte lesen und miteinander vergleichen. Bitte lies dir einmal Sprüche 16,1-9; 20,24 und dazu noch Psalm 37 und Psalm 139 durch, bevor du hier weiterliest. Versuche, zunächst selbst über die Texte nachzudenken und vergleiche sie miteinander. Im Folgenden zitiere ich die genannten Texte aus dem Buch der Sprüche, denn diese beschreiben genau diese seltsame, aber wunderbare Spannung zwischen verantwortlichem Entscheiden und Gottes souveränem Führen.

Sprüche 16,1-9:
1 Beim Menschen sind die Überlegungen des Herzens,
   aber vom HERRN kommt die Antwort der Zunge.
2 Alle Wege eines Mannes sind lauter in seinen Augen,
   aber der die Geister prüft, ist der HERR.
3 Befiehl dem HERRN deine Werke,
   und deine Gedanken [oder Pläne] werden zustande kommen.
4 Alles hat der HERR zu seinem Zweck gemacht,
   so auch den Gottlosen für den Tag des Unglücks.
5 Ein Gräuel für den HERRN ist jeder Hochmütige.
   Die Hand darauf! Er bleibt nicht ungestraft.
6 Durch Güte und Treue wird Schuld gesühnt,
   und durch die Furcht des HERRN weicht man vom Bösen.
7 Wenn der HERR an den Wegen eines Mannes Wohlgefallen hat,
   lässt er selbst seine Feinde mit ihm Frieden machen.
8 Besser wenig mit Gerechtigkeit
   als viel Einkommen mit Unrecht.
9 Das Herz des Menschen plant seinen Weg,
   aber der HERR lenkt seinen Schritt.

Sprüche 20,24:
Vom HERRN sind die Schritte des Mannes bestimmt;
und der Mensch, wie sollte er seinen Weg verstehen?

Menschen sind verantwortlich

Schauen wir uns einmal die Verse 1, 3 und 9 etwas genauer an. Dabei helfen uns Hervorhebungen, die den Zusammenhang deutlicher erkennbar machen.

»*Beim Menschen sind die Überlegungen des Herzens*, aber vom HERRN kommt die Antwort der Zunge.« (V. 1)
»Befiehl dem HERRN deine Werke, und *deine Gedanken [oder Pläne] werden zustande kommen*.« (V. 3)
»*Das Herz des Menschen plant seinen Weg*, aber der HERR lenkt seinen Schritt.« (V. 9)

In allen drei Versen wird *die Verantwortung des Menschen* angesprochen: »Beim Menschen sind die Überlegungen des Herzens« (V. 1). Wir sind keine fremdgesteuerten Systeme, keine Roboter, die ohne eigenen Willen das tun, was in ihrer Programmierung festgelegt ist. Eine Marionette kennt keine »Überlegungen des Herzens«. Unsere Pläne sind *unsere* Gedanken (V. 3). Gott hat uns nicht dazu geschaffen, dass wir gedankenlos seine Pläne ausführen. Wenn wir z. B. sündigen, dann werden wir von unseren »eigenen Begierden fortgezogen und gelockt« (Jakobus 1,14). Somit ist es in der Bibel völlig klar, dass »das Herz des Menschen [seinen Weg] plant« (V. 9). Und diese Pläne wirken sich auf unsere Zukunft aus. Unsere Entscheidungen haben erheblichen Einfluss darauf, wo wir in zwei Wochen oder in zehn Jahren stehen werden. Gott hat uns mit einem Verstand geschaffen. Mit diesem können und sollen wir eigene Pläne ausarbeiten.

Grundsätzlich ist jeder Mensch also verantwortlich für sein Handeln. Zu Beginn des Kapitels haben wir dabei die Wichtigkeit des *moralischen Willen* Gottes betont, des Willens, den uns Gott in seinem Wort offenbart hat. Gott sagt an vielen Stellen in der Bibel deutlich, was sein Wille für unser Leben ist (z. B. »dies ist Gottes Wille: eure Heiligung« in 1. Thessalonicher 4,3). Die

Bibel sagt also klar, dass wir verantwortlich sind, Gottes moralischen Willen zu tun.

Darüber hinaus – also wo die Schrift keine klaren Anweisungen gibt – sind wir aber *auch* verantwortlich, weise zu planen und dabei unsere Entscheidungen so zu treffen, dass sie seinem moralischen Willen auf keinen Fall widersprechen und dem übergeordneten Ziel, heilig zu sein, entsprechen.

Zum Beispiel wird mir die Bibel nie direkt sagen, wo ich die nächsten paar Jahre wohnen soll. Aber die Bibel betont die Wichtigkeit von Gemeinschaft und Jüngerschaft in der Gemeinde. Also ist die wichtigste Frage beim Suchen eines Wohnortes: Gibt es dort eine bibeltreue, gesunde Gemeinde, der ich mich anschließen könnte? Wir sind also verantwortlich, so zu leben, dass wir Gottes moralischem bzw. seinem offenbarten Willen entsprechen. Aber Gott mutet es uns auch zu, dann verantwortlich zu planen und zu entscheiden, wenn er keine direkten Anweisungen gibt. Wir sind also auf der ganzen Linie Geschöpfe, die in eine Verantwortung gestellt wurden.

Gott ist souverän

Die Verse 1, 3 und 9 leiten aber unser Denken über die Verantwortung des Menschen hinaus zur zweiten, wichtigen Wahrheit: Gott hat alles völlig unter Kontrolle. Hier noch einmal die besagten Verse mit den entsprechenden Hervorhebungen:

»Beim Menschen sind die Überlegungen des Herzens,
aber *vom HERRN kommt die Antwort der Zunge.*« (V. 1)
»*Befiehl dem HERRN deine Werke,*
und deine Gedanken werden zustande kommen.« (V. 3)
»Das Herz des Menschen plant seinen Weg,
aber *der HERR lenkt seinen Schritt.*« (V. 9)

In allen drei Versen wird neben unserer Verantwortung auch *Gottes Kontrolle* bzw. sein souveränes Handeln beschrieben.

Die Worte, die wir aussprechen, *kommen vom HERRN*[78] (V. 1b). Du bist für jeden deiner Gedanken und Worte verantwortlich (V. 1a). Gott regiert aber über deine Worte und bestimmt letztlich, was deine Antworten sein werden.
Ist das nicht ziemlich schockierend? Hast du diese Tatsache vor Augen, wenn du deinen Weg planst?
Salomo schreibt hier in Sprüche 16 sehr deutlich: Warum solltest du dem *HERRN deine Werke anbefehlen* (V. 3)? Weil Gott letztlich *deinen Schritt lenkt* (V. 9)! Und später in Sprüche lesen wir die erstaunliche Aussage:

»Vom HERRN sind die Schritte des Mannes bestimmt;
und der Mensch,
wie sollte er seinen Weg verstehen?« (Sprüche 20,24)

Der Gott der Bibel ist ein wunderbar unbegreiflicher Gott. Er ist König über alles, was geschieht – selbst über die Entscheidungen der Menschen. In der Mitte des zitierten Abschnitts sehen wir diesen Aspekt noch deutlicher. Gott sieht alles und weiß alles (Vers 2). Gott lenkt und benutzt sogar den Gottlosen, dessen Entscheidungen alles andere als gottgefällig sind (V. 4). So kann Gott sogar unsere Feinde benutzen, um Gutes zu bewirken,[79]

---

78 Ein gutes, aber frappierendes Beispiel finden wir in 2. Samuel 16,5-13, wo David von Schimi verflucht wird. David sagt hier wortwörtlich: »Ja, soll er doch fluchen! Denn *wenn der Herr ihm gesagt hat: Fluche David!* – wer darf dann sagen: Warum tust du das?« (V. 10). Schimi erkennt später, dass er in seinem Reden gesündigt hat (19,17). Trotzdem sind seine Worte »vom Herrn« (d. h. unter Gottes souveräner Fügung). Gott benutzte sein sündiges Reden für seine Zwecke, nämlich David für seine Sünde an Uriah zu züchtigen.
79 So war es z. B. bei Josephs Brüdern, siehe 1. Mose 45,8; 50,15-20. Selbst Gottes Feinde müssen in Gottes Plänen ihren Zweck erfüllen. Herodes, Pontius Pilatus und das jüdische Volk taten letztlich das, was Gott zuvor souverän bestimmt hatte, obwohl sich ihr Handeln gegen Gottes moralischen Willen richtete (siehe Apostelgeschichte 4,25-28). Sie erfüllten ihren Zweck in seinen Plänen. Salomo bestätigt das: »Alles hat der HERR zu seinem Zweck gemacht, so auch den Gottlosen für den Tag des Unglücks [o. Gerichts].« (Sprüche 16,4). Der Gottlose erfüllt seinen Zweck in Gottes Plänen.

Entscheidungen treffen – unter Gottes Führung

denn niemand kann seinem Willen widerstehen (Römer 9,19b, siehe auch Sprüche 21,1).

Ein seltsames Denken?

Bis jetzt haben wir zwei Wahrheiten betont:

1. Gottes moralischer Wille wird manchmal nicht beachtet.
2. Trotzdem trifft sein souveräner Wille immer ein.

Auf unsere Entscheidungen angewandt heißt das:

1. Wir sind verantwortlich für unsere Entscheidungen.
2. Trotzdem können wir uns ganz auf Gottes Führung verlassen.

Hier müssen wir betonen, dass für Gott jegliche Sünde ein Gräuel ist. Obwohl Gott nichts mit Sünde zu tun hat und er sich von ihr abwendet, erfüllen Sünder ihren Zweck in Gottes Plänen. Die Gottlosen werden von der Bosheit ihres eigenen Herzens angetrieben (siehe Jakobus 1,14). Aber Gott lenkt sie und benutzt sie. Er gibt sogar Menschen Befehle, die ihm gar nicht dienen wollen, und sie führen sie aus (Jesaja 10,5-7). Sie werden seine Gerechtigkeit im Gericht für alle offensichtlich machen (siehe eben zitierte Bibelstelle in Sprüche 16). Letztlich geben sie Gott die Ehre, obwohl sie gottlos sind (siehe auch das Beispiel Pharaos in Römer 9,17-18). Alles muss schließlich Gottes Zwecken und seiner Ehre dienen.

Direkt nachdem wir in Sprüche 16,4 lesen, dass selbst Gottlose ihren Zweck in Gottes Plänen erfüllen müssen, sagt uns der nächste Vers: »Ein Gräuel für den Herrn ist jeder *Hochmütige*. Die Hand darauf! Er bleibt nicht ungestraft« (V. 5, meine Betonung). Wenn Sünder vergessen, dass sie letztlich Gottes souveränem Willen dienen müssen, werden sie hochmütig. Sie denken, sie hätten ihr Leben im Griff und könnten selbst ihren Zweck bestimmen. Vers 4 legt ihren Zweck allerdings schon fest (sie sind zum Gericht bestimmt bzw. für das Unglück). Dies wird im zweiten Teil von V. 5 nochmal bestätigt: »Die Hand darauf! Er bleibt nicht ungestraft.« Für denselben Hochmut wird letztlich das Reich der Assyrer von Gott gerichtet (siehe Jesaja 10,5-19). Gott benutzte ihren brutalen Eroberungszug, um Israel zu züchtigen (V. 5-6). Die Assyrer wurden aber hochmütig wegen ihres zwischenzeitlichen Erfolges (V. 7-11). Daraufhin verkündet Gott das Gericht über sie (V. 12-19).

Diese beiden Aussagen in Bezug auf unsere Entscheidungen widersprechen sich zwar nicht,[80] aber die meisten von uns würden dieses Denken nicht gerade einleuchtend finden. Wir müssen aber beide Wahrheiten akzeptieren und wie ein geschickter Jongleur beide Bälle in der Luft halten.

Ja, es ist eine seltsame Art, über das Leben nachzudenken. Aber denke einmal kurz mit mir zusammen darüber nach, wie es wäre, wenn es *nicht* so wäre. Was wäre, wenn nur eines wahr wäre? Wenn ich z. B. mit meinen Entscheidungen nicht die Zukunft beeinflussen könnte? Oder wenn alles nur an mir läge und Gott keine souveräne Kontrolle über mein Leben hätte, wenn er mich nicht *wirklich* führen würde?

Im ersten Fall hätte ich keine Motivation, gute Entscheidungen zu treffen (sie würden ja eh nichts bewirken!). Wir würden dann in einer Welt leben, in der »sowieso alles so kommt, wie es kommen muss«, ohne dass wir irgendetwas bewirken könnten. Oder wir würden Entscheidungen fällen in der Meinung, dass wir gar keine andere Wahl gehabt hätten, weil Gott sowieso schon alles bestimmt hat. Letztlich könnten wir dann Gott sogar die Verantwortung für schlechte oder sündige Entscheidungen in die Schuhe schieben.

Im zweiten Fall würden wir unter der Last der Auswirkungen falscher Entscheidungen zerbrechen und könnten uns nicht mehr freuen, dass Gott letztlich unsere Wege segnet oder uns gut führt. Wir hätten Angst, »Gottes wunderbaren Wunsch« für unser Leben zu verpassen. Wir wären nervöse Wracks, verängstigt über das kleinste Risiko. Die Sorge, Gottes Leiten und Führen zu verpassen, würde uns zu Menschen machen, die ständig befürchten, »Hinweise« Gottes übersehen zu haben. Ich kenne Christen, die über Jahre unter diesem Druck standen.

---

80 Ein streng logischer Widerspruch bestünde z. B. zwischen den Aussagen: »Es gibt keine schwarzen Schwäne« und: »Schwarze Schwäne existieren«. Nur eine dieser Aussagen kann wahr sein. Aber das Spannungsverhältnis zwischen Gottes Souveränität und unserer Verantwortung ist zwar schwer fassbar, aber kein streng logischer Widerspruch und daher durchaus eine mögliche Beschreibung der Realität.

Entscheidungen treffen – unter Gottes Führung

Letztlich vertrauten sie nicht darauf, dass sie von Gott sicher geführt werden.

Die Bibel lehrt uns eine wunderschön balancierte Sicht auf das Leben. Aber in den praktischen Entscheidungen meines Alltags bin ich sehr froh über das Spannungsverhältnis zwischen meiner Verantwortung und Gottes Souveränität. Im beruhigenden Wissen, dass Gott mich in seiner Souveränität führen wird, bin ich frei, mich ganz auf meine Verantwortung zu konzentrieren. Ich treffe eigene Entscheidungen. Ich arbeite an seinem Reich mit. Aber Gott soll das Leiten und Führen übernehmen. Ich muss mich nicht mit Sorgen über meine Zukunft quälen, denn Gott hat sie in seiner Hand.

Konkret heißt das: Ich darf sowohl meine *Verantwortung* wahrnehmen als auch Gott *vertrauen*!

Verantwortung und Vertrauen

Gott steht souverän über dem Wollen und Handeln der Menschen. Er ist König, selbst über die, die sich ihm widersetzen. Wie viel mehr sollten wir es Gott zumuten, dass er uns, seine Kinder, führt!

Oder anders formuliert: Gott ist so mächtig, dass er selbst Menschen lenkt, die ihm nicht gehorchen wollen. Sie müssen, obwohl sie sich seinem moralischen Willen widersetzen, seinem souveränen Willen gehorchen. *Gott muss also erst recht fähig sein, die zu führen, die ihm von ganzen Herzen gehorchen wollen!*

Wenn wir glauben, dass Gott souverän ist – wieviel mehr sollten wir ihm dann *vertrauen*!

Für jeden, der von Gott berufen wurde, enthält die Bibel viele Ermutigungen, Gottes Führung zu vertrauen. Ich führe hier einige dieser Ermutigungen auf, die auch dich ermutigen können:

Gott führt uns, seine Kinder, indem er *direkt in uns wirkt*. Er wirkt durch seinen Geist. Er nimmt Wohnung in uns. Seine Kraft wirkt in uns das Wollen und das Vollbringen (Apostelgeschichte 1,8; Philipper 2,13). Er bewirkt, dass wir uns von der Sünde abkehren (2. Timotheus 2,24) und immer mehr seinen Willen für uns liebgewinnen (Hesekiel 36,27). Er kennt uns durch und durch und liebt uns als seine Kinder! Paulus beschreibt die »Söhne Gottes« als solche, die »vom Geist geleitet werden« (Römer 8,14). König David liebte Gottes Führung und dichtete folgende Zeilen:

> »Stiege ich zum Himmel hinauf, so bist du da. Bettete ich mich in dem Scheol, siehe, du bist da. Erhöbe ich die Flügel der Morgenröte, ließe ich mich nieder am äußersten Ende des Meeres, auch dort würde deine Hand mich leiten und deine Rechte mich fassen.« (Psalm 139,8-10)

Deine Wege, deine Zukunft, sie hängen einerseits völlig von Gott ab. Du musst lernen, Gottes Verheißung zu glauben, dass er dich führt, egal wie du dich schließlich entscheidest. Vertraue Gott, wenn du entscheidest.

Trotzdem lehrt die Bibel andererseits, dass du für jede deiner Taten und Entscheidungen absolut verantwortlich bist. Wir haben deutlich gesehen, wie Sprüche 16 neben der Souveränität Gottes die Verantwortung des Menschen betont (Verse 1, 3 und 9). Auch Vers 2 macht uns für unsere eigenen Gedanken verantwortlich, Vers 3 für unsere grundsätzliche Einstellung, Gott »unsere Werke anzubefehlen«, und Vers 5 für unsere demütige oder hochmütige Herzenshaltung. Die Verse 3 und 6-8 machen deutlich, dass Gottes Liebe und seine treue Fürsorge für jene gilt, *die ihre Verantwortung wahrnehmen und richtig handeln.*

Wir dürfen also nicht passiv bleiben und sagen: »Gott wird mich schon führen! Dann kann ich ja tun und lassen, was ich will!«

In Psalm 37 finden wir ähnliche Prinzipien der Lebensführung. Die Voraussetzung ist aber wieder verantwortungsvolles Handeln, nämlich Gutes tun und Gott treu sein:

> »*Vertraue auf den* HERRN *und tue Gutes; wohne im Land und hüte Treue;* [...] *Befiehl dem* HERRN *deinen Weg und ver-*

traue auf ihn, so wird er handeln und wird deine Gerechtigkeit aufgehen lassen wie das Licht und dein Recht wie den Mittag.« (Psalm 37,3-6)[81]

Gottes Souveränität sollte den Christen gerade *nicht* dazu bringen, die Flinte ins Korn zu werfen und alle Verantwortung sausen zu lassen. Nur der Mensch, der *Gott vertraut* und als Folge davon *heilig lebt* (V. 3), wird *erleben, wie Gott handelt und führt* (V. 6).

Stehst du gerade persönlich vor einer wichtigen Entscheidung? Dann musst du lernen, zwei Dinge gleichzeitig zu tun. Du musst deine Zukunft in Gottes Hände legen. Vertraue ihm. Er wird dich führen. Sag ihm doch einfach: »Herr, danke, dass du mich liebst und führst. Ich überlasse meine Zukunft dir. Hilf mir bitte beim Planen und lenke meine Schritte. Amen.« Und dann benutze deinen Verstand. Triff vernünftige Entscheidungen. Sei verantwortlich.

Während ...

- du *betest*,
- denke gründlich über die *Folgen* deiner Entscheidung nach.
- Überlege, ob Gott vielleicht doch in der *Bibel* für deine Entscheidung Weisung gibt.
- Stelle Pro- und Kontra-*Listen* auf.
- Hole dir *guten Rat*.

Und dann entscheide! Warte nicht auf unmittelbares Eingreifen Gottes oder »göttliche Impulse«. Gott möchte dich nicht fernsteuern. Er möchte, dass du als mündiger Christ lernst, wie man gute, vernünftige Entscheidungen trifft. Tue es aber im Vertrauen, dass Gott alles unter Kontrolle hat:

- *Befiehl dich ihm an.*

---

81 Den ausgelassenen Teil (V. 4) haben wir schon im Abschnitt »Berufen in eine Beziehung« behandelt (siehe S. 11).

Gottes Souveränität – dass er alles unter Kontrolle hat – sollte uns ermutigen, aber nie passiv oder dumm machen. Wir können gewiss sein: Gott führt uns! Da müssen wir keine Angst haben, »seinen Plan zu verpassen«. Er verspricht uns, dass er uns ans Ziel bringt. Er *wird* unsere gerechten Sehnsüchte erfüllen (Psalm 37,4) und uns auf den richtigen Weg leiten (Psalm 1,6).

Aber ohne dieses entscheidende Vertrauen auf Gottes Führung kann unser Verstand schnell zu einem Götzen werden. Ja, wir sollen unser ganzes Denkvermögen einsetzen. Aber wir sollten uns nie auf unsere Fähigkeiten *verlassen*:

»Verlass dich auf den HERRN von ganzem Herzen,
und verlass dich nicht auf deinen Verstand,
sondern gedenke an ihn in allen deinen Wegen,
so wird er dich recht führen.« (Sprüche 3,5-6)

Das Bewusstsein, dass letztlich Gott uns führt, hilft uns, *demütig* unsere Verantwortung wahrzunehmen. Benutze deinen Verstand und denke gut über deine Entscheidungen nach. Aber verlass dich »auf den HERRN« und »nicht auf deinen Verstand«! Du bist nicht dein eigener Hirte. Gott selbst »führt dich auf rechter Straße um seines Namens willen« (Psalm 23,3, LUT 2017). Entscheide demütig, denn du hast nichts in der Hand. Gott ist der Regierende in deinem Leben.

Oder in den Worten des deutschen Theologen und Liederdichters Paul Gerhard:

Auf, auf, gib deinem Schmerze
und Sorgen Gute Nacht!
Lass fahren, was das Herze
betrübt und traurig macht;
bist du doch nicht Regente,
der alles führen soll:
Gott sitzt im Regimente
und führet alles wohl.
    (Paul Gerhard, »Befiel du deine Wege«).

Entscheidungen treffen – unter Gottes Führung

Unsere Entscheidungen und Gottes Berufung

Wir haben in den bisherigen Kapiteln immer wieder gesehen, dass Gottes Berufung uns in eine Verantwortung stellt. Wir sind verantwortlich, »heilig zu sein«, unser Leben Gott anzuvertrauen und im Alltäglichen aus Glauben gerecht zu handeln. Wir sind verantwortlich, danach zu streben, Gott immer besser kennen zu lernen und eine Beziehung mit ihm zu pflegen.

Aber berufen zu sein, bedeutet nicht *nur* Verantwortung, sondern auch Vertrauen. Das ist für unsere Berufung so zentral, dass ich im letzten Kapitel näher darauf eingehen werde.

Heilig leben funktioniert nur, wenn ich Gott vertraue. Im ersten Kapitel habe ich geschrieben: Die Berufung, »heilig« zu sein, besteht vor allem darin, dass wir ein Leben führen, das *von Glauben an Gottes Versprechen geprägt* ist. Ein Aspekt von Heiligung *ist* Gottvertrauen. Wir können unsere Verantwortung, treu zu sein, nur erfüllen, wenn wir Gott vertrauen, dass er uns auch in unsere individuelle Berufung hineinführen wird.

Unsere Berufung, heilig zu sein, *beinhaltet* nämlich, dass wir von Gott in unsere von ihm vorgesehenen Lebensaufgaben (z. B. einen bestimmten Beruf oder in die Mission) hineingeführt werden. Oder kurz und bündig ausgedrückt: Während wir das Ziel fokussieren, heilige Söhne und Töchter Gottes zu sein, wird Gott uns treu in unsere individuelle Berufung[82] hineinführen.

Wenn wir unsere Entscheidungen verantwortlich und nach Gottes Prinzipien treffen, bewahrt uns das zwar nicht vor schwierigen Herausforderungen und Widerständen (siehe Psalm 37,7-8), aber langfristig werden wir die Früchte unseres weisen Verhaltens erfahren. Gott wird uns gelingen lassen, was wir planen und tun

---

82 Der Ausdruck »individuelle Berufung« bezieht sich darauf, dass jeder der Berufenen eine individuelle Führung durch Gott erfährt, die auch die Zuweisung bestimmter Gaben und Aufgaben beinhaltet. Letztlich ist jedoch aus göttlicher Perspektive die individuelle Berufung »eingebettet« in die Berufung Gottes zu einem heiligen Leben, d. h. sie kann nicht davon getrennt werden.

(vgl. Sprüche 16,3 und Psalm 37,10-11; Psalm 1,3). Während wir als Söhne und Töchter Gottes in Weisheit zunehmen, führt Gott uns in den Wegen, die er für uns vorbereitet hat. Somit dienen wir dem Zweck, zu dem er uns individuell bestimmt hat:

> »Denn wir sind sein Gebilde [oder: sein Kunstwerk], in Christus Jesus geschaffen zu guten Werken, die Gott vorher bereitet hat, damit wir in ihnen wandeln sollen.« (Epheser 2,10)

Für den, der heilig lebt, gilt letztendlich: »Alles, was er tut, gelingt ihm.« (Psalm 1,3) Das liegt nicht an seinem eigenen Vermögen, sondern an Gott, der ihm Gelingen schenkt.

Der HERR kennt unseren zukünftigen Weg genaustens (Psalm 1,6). Wir werden also früher oder später erleben, wie Gott uns in unsere individuelle Berufung hineinführt. Gott garantiert das seinen Kindern. Er kennt uns und weiß, wie er uns ganz individuell führen muss. Er wird uns dahin stellen, wo er uns haben möchte. Aber er führt uns *durch unser weises, verantwortliches Planen und Entscheiden, das er in uns bewirkt.* Wir müssen daher unsere Verantwortung wahrnehmen. Wir müssen seinem Ruf, heilig zu sein, folgen.

Für mich wird dieses Prinzip immer wieder zu einer praktischen Übung. Persönlich falle ich oft in solche Denkmuster: »Wofür, Gott, willst du mich gebrauchen? Was ist denn wirklich meine individuelle Berufung?« In solchen Situationen hilft es mir, mich wieder neu auf das Wesentliche auszurichten. Oberste Priorität ist, dass ich Gott immer besser kennen lerne. Dann kann ich überall im Leben mein Vertrauen auf Gott beweisen und z. B. seine Liebe, Güte und Barmherzigkeit widerspiegeln. Als Folge dessen werde ich besorgt sein, das zu befolgen, was Gott ganz klar in der Bibel sagt. Er hat mir durch seinen Aufruf »heilig zu sein« klipp und klar gesagt, was sein Wille für mein Leben ist.

So darf ich mich *ihm selbst* hingeben und nicht meiner Traumberufung. Ich darf mich ihm hingeben in jedem Bereich meines *aktuellen Lebens* und nicht erst in irgendeiner zukünftigen Berufung, von der ich träume. Dann darf ich die Sorgen um diese

Entscheidungen treffen – unter Gottes Führung

Zukunft abgeben, denn »er ist besorgt« um mich (1. Petrus 5,7). Er hat meine zukünftige Bestimmung in der Hand. So lebe ich durch Gottes Gnade beide Seiten der einen Münze: Verantwortung und Vertrauen.

Lerne zu warten

Es ist manchmal gar nicht so einfach zu erkennen, worauf man vertraut. Bilde ich mir vielleicht nur ein, dass ich Gott in meine Entscheidungen miteinbeziehe und dass ich mich seiner Führung anvertraue? König Salomo wusste von der Gefahr, sich mehr auf seinen eigenen Verstand zu verlassen statt auf Gott (Sprüche 3,5). Aber ein sicheres Zeichen, dass wir bezüglich unserer Berufung auf Gott vertrauen, ist, *dass wir auf ihn warten* können.

Vielleicht möchtest du gerade gerne viel für Gott tun. Du sagst zu ihm: »Gebrauche mich bitte, Herr!« Du willst viel von ihm erwarten und große Dinge für ihn bewegen. Aber vielleicht fragst du dich: »Wann, Herr? Wann führst du mich endlich in meine Berufung? Wann werde ich endlich in meine Lebensaufgabe hineingeführt, in den Dienst, für den ich von dir begabt wurde?«

Ich kenne selbst diese frustrierende Frage sehr gut, und ich kenne viele, die sie sich ebenfalls stellen. Gott liefert uns in der Bibel mehrere Berichte, in denen es um Personen geht, die schon sehr früh Hinweise auf ihre Berufung bekamen, die aber trotzdem geduldig warten mussten. Joseph zum Beispiel hatte schon als Kind eine Ahnung, wozu Gott ihn berufen hatte (1. Mose 37,1-11), musste aber über viele Jahre geduldig auf Gottes Zeitpunkt warten (1. Mose 37–41). Ganz ähnlich war es bei Mose (2. Mose 2–3). David wurde als Jüngling zum König über Israel gesalbt (1. Samuel 16). Er musste aber jahrelang warten, bis Gott ihn auf den Thron brachte (2. Samuel 5). David weigerte sich immer wieder, Gottes Berufung für sein Leben mit unlauteren und vorschnellen Mitteln zu erzwingen (1. Samuel 24 und 26; 2. Samuel 3 und 4).

Hier sehen wir beispielhaft, wie ein gesundes Vertrauen auf Gottes Zeitplanung uns hilft, nicht vorschnell oder unvernünftig zu planen. Vertrauen entlässt uns nicht aus unserer Verantwortung, sondern geht mit ihr einher. Ein gesundes *Vertrauen* auf Gott lässt ein gesundes *Verantwortungsbewusstsein* gedeihen und bringt praktische Gerechtigkeit hervor. Beide Seiten – Vertrauen und Verantwortung – widersprechen sich nicht, sondern machen ein gesundes, Gott wohlgefälliges Leben erst möglich.

Entscheide demütig

Ohne Gottes Führung wären wir alle ziemlich hilflos. Wir können ja nicht einmal mit Bestimmtheit sagen, wo wir alle in einem Jahr sein werden oder was ich und du dann tun werden, oder ob wir dann vielleicht schon bei unserem Schöpfer sein werden!

Während ich diese Zeilen schreibe, bin ich im Mail-Verkehr mit Martin Stucki, einem Gemeindeältesten aus einer Gemeinde im Berner Oberland in der Schweiz. Martin hat mich (und viele andere) als junger Mensch unglaublich geprägt, vor allem durch seine frohe und freundliche Art. Oft dachte ich: Wenn die Nachfolge Jesu so aussieht, dann will ich auch irgendwann einmal Jesus mein Leben anvertrauen (was ich erst Jahre später tat). Gerade leidet Martin an einem bösartigen Tumor. Obwohl ich mit ihm ein Treffen im nächsten Jahr ausmache, bin ich mir bewusst, dass ich ihn wahrscheinlich erst in der Ewigkeit wiedersehen werde. Kürzlich schrieb er mir folgende Zeilen über seinen Zustand:

> »Zwar muss ich meine Pläne bewusst unter die Bedingung von Jakobus 4,15 stellen, da mir aus medizinischer Sicht nur noch der Sommer zusteht – und der ist ja bereits vorbei … Es ist jedoch ein großes Vorrecht, bewusst unter dieser Bedingung zu leben, hilft sie doch sehr das Zeitliche vom Ewigen zu unterscheiden.«[83]

---

83 Martin Stucki. E-Mail vom 26.9.2019. Mit seiner Erlaubnis hier wiedergegeben.

Entscheidungen treffen – unter Gottes Führung

Jakobus kritisierte das stolze Planen einiger seiner Adressaten. Sie sagten wie selbstverständlich: »Heute oder morgen wollen wir in die und die Stadt ziehen. Wir werden ein Jahr dort bleiben, Geschäfte machen und Geld verdienen.« Jakobus ermahnte sie, »nicht so großtuerisch mit [...] ihren Plänen anzugeben«, denn »solche Angebereien sind ausnahmslos böse« (Jakobus 4,13.16; NeÜ).

Was ist denn so schlimm daran, wenn wir uns auf eine geplante Zukunft festlegen? Jakobus erklärt:

> »Ihr wisst doch nicht einmal, was morgen sein wird. Was ist denn euer Leben? Es ist nur ein Dampf, der kurze Zeit sichtbar ist und dann verschwindet. Ihr solltet vielmehr sagen: ›Wenn der Herr es will, werden wir leben und dieses oder jenes tun.‹« (Jakobus 4,14-15; NeÜ)

Und für Jakobus beginnt weises Planen damit, einzugestehen, dass jeder Atemzug, den wir machen, nur mit Erlaubnis von Gott geschieht. Unser Leben hängt an einem dünnen Faden, den der Allmächtige zu seiner Zeit durchtrennen kann. In jenem Moment holt er uns in die Ewigkeit. Die einen, die seine Berufung erfahren haben, in die ewige Freude, und die anderen, die sich seinem Befehl widersetzten, in das ewige Leid.

Aber nicht nur für Jakobus verbindet sich weises Planen mit diesem Bewusstsein. Auch Salomo sieht das so: »Die Furcht des Herrn ist der Anfang der Erkenntnis« (Sprüche 1,7a). Nur wer Gott fürchtet und daher *demütig* vor ihm seine Entscheidungen trifft, wird letztlich auch seine Führung erleben.

Zusammenfassung

In Kapitel 6 (»Weise werden – und erleben, wie Gott führt«) sahen wir im Wesentlichen Folgendes: Gott führt uns vor allem dadurch, dass er uns zu mündigen Christen macht und wir an Weisheit zunehmen. Dies geschieht mitten auf den rauen Pisten

des Lebens, vor allem aber durch das persönliche und gewohnheitsmäßige Studium der Heiligen Schrift.
Das haben wir auf das konkretere Thema der Entscheidungen angewandt.

1. Wir haben die *Bibel studiert* und über Gottes Willen nachgedacht.
2. Die Lehre von Gottes Willen macht uns *weise*, in dem wir lernen, wie wir auf eine gesunde Art entscheiden können.

Wir haben gesehen, dass der Bibel zufolge gesundes Entscheiden so funktioniert:

- Einerseits: Gottes Verheißung glauben, dass er führt, ganz egal, wie man (aufrichtig) entschieden hat
- Anderseits: eigene Entscheidungen verantwortungsvoll fällen

Wir haben festgestellt, dass Vertrauen und Verantwortung sich ergänzen. Wir haben gesehen, dass Gottes Berufung, heilig zu sein, in seine individuelle Berufung mündet. Das geschieht in Verbindung damit, dass Gottes Weisheit uns fähig macht, vernünftig zu entscheiden und gegebenenfalls auch auf ihn zu warten.

Gott beruft seine Kinder, heilig zu sein. Das bedeutet, dass wir – mitten im Alltag – Gott in seiner Liebe, Freundlichkeit, Gerechtigkeit, etc. ähneln.

Heilig sein bedeutet auch, Freude an Gott zu haben und ihm zu *vertrauen* (siehe Kapitel 1). Seine Berufung wirkt sich somit in den *vielen Facetten* unseres Lebens aus. Wir sind berufen, für Gott zu *arbeiten*, in *Ehe und Familie* ihm treu zu sein, sein Evangelium zu leben und vor Nichtchristen mutig zu *bezeugen*. Wir sind von Gott in eine *Gemeinde* hineinberufen zum Dienst für den Nächsten (siehe Kapitel 2). Bezüglich unserer Berufung leben wir vor allem anderen in der Verantwortung, *Gott* zu *kennen*, und ihn immer mehr zu lieben und zu ehren (Kapitel 3), damit wir voller Hoffnung für ihn *leiden* (Kapitel 4), nüchtern und dienend unsere *Gaben* einbringen (Kapitel 5) und zu *reifen* Christen heranwachsen – und fähig sind, *gute Entscheidungen* zu treffen (Kapitel 6 und 7).

In den nächsten beiden Kapiteln und im Anhang wollen wir uns mit dem *Fundament* unserer Berufung beschäftigen. Worum geht es eigentlich bei Berufung? Was ist gleichzeitig Ziel und Stütze unserer Berufung? Wo finden wir Hilfe, Schutz und Ermutigung, wenn wir Gottes Ruf versäumt haben?

8 Berufung und das Evangelium

Berufung »light«?

Wenn man über Berufung nachdenkt, muss man auch in Betracht ziehen, dass man seine Berufung verfehlen kann, z. B. indem man eine billige Nachahmung von ihr lebt: Berufung ohne das Evangelium.

Über Berufung zu schreiben, kann gefährlich sein. Berufung kann missverstanden werden: »Tu das und das, und dann tu noch das, und dann hast du deine Berufung und wirst Gott gefallen!« Ein Mensch kann ohne Gott versuchen, gute Werke zu tun, gewissenhaft zu arbeiten, eine anständige Ehe zu führen, in der Gemeinde nicht negativ aufzufallen; er kann sich sogar Gabentests unterziehen und ab und zu von Jesus reden. Ähnlich wie die religiösen Juden zur Zeit von Paulus, die meinten, Gerechtigkeit vor Gott »durch ihre eigenen Leistungen zu erreichen und nicht durch den Glauben« (Römer 9,32; NeÜ).

Berufung kann man auch herunterspielen: Mach »ein Jahr für Gott« in Afrika, und alle meinen, du lebst Gottes Berufung aus. Sei nett und freundlich, fluche und kiffe nicht, mach in der Gemeinde im Musikteam mit und glaube an ein paar Klischees – und schon hält man dich für einen guten Christen.

Ich möchte nicht zu hart urteilen, aber es scheint mir, dass viel über Berufung geredet wird, während man in unseren Gemeinden das eigentliche Problem ignoriert:

Viele junge Menschen meinen, dass sie Gottes Berufung leben und ihm gefallen, aber sie führen in Wahrheit ein weltliches Leben. Ich kenne Nichtchristen, die überzeugender leben als der Großteil der jungen Generation, die in unseren Gemeinden heranwächst – leider oft inklusive ihrer älteren Vorbilder. Wir tun gut daran, die Worte Jesu für unsere Generation ernst zu nehmen: »Und wenn ihr nur zu euren Brüdern freundlich seid, was tut ihr damit Besonderes? Das tun auch die, die Gott nicht kennen« (Matthäus 5,47).

Es sind ganz einfache Fragen, die du dir stellen kannst und die wir schon in der Einleitung aufgeworfen haben: Ist mein Leben etwas »Besonderes«? Lebe ich »anders« in dieser gottlosen Welt? Erkennt man mich als Sohn bzw. Tochter Gottes, die seine Vorzüge verkündigen und in ihrem Leben zeigen?[84]

Um noch konkreter zu werden: Hast du gegenüber dem Allmächtigen ein ungeteiltes Herz? Unterstellst du seiner Autorität alle Bereiche deines Tuns und Denkens? Lässt du von Gottes Maßstäben bestimmen, welche Filme du konsumierst? Würde die Musik, die du hörst, auch Gott gefallen? Ist das, was du anziehst und wofür du Geld ausgibst, mehr von der Mode bestimmt als von Anstand und gottgefälliger Angemessenheit? Gleicht dein Umgang mit dem anderen Geschlecht der Gewohnheit unserer Kultur – mit Flirten nur zum Spaß ohne Heirat als Ziel – oder ist er von Respekt, gesunder Distanz und Verantwortungsbewusstsein geprägt?[85] Nutzt du deine Zeit in erster Linie für dein Hobby bzw. deinen Sport, oder sind Gott, sein Reich, das Nachdenken über ihn, Bibellesen und Gebet deine Leidenschaft und deine höchste sportliche Disziplin? Ist Christsein bloße Pflicht und findest du deine Freude in anderen Dingen oder *hast du Freude an Gott* und alles andere wird immer wertloser im Vergleich zu Jesus?[86] Lebst du heilig und Gott hingegeben, oder lebst du ein Leben, in dem Gott nur eine Nebenrolle spielt und das auch Menschen leben könnten, die Gott nicht kennen (vgl. Matthäus 5,47)?

Anspruch und Charakter der Berufung Gottes sind viel höher:

---

84 Vergleiche Matthäus 5,48 mit 5,5.
85 Gerade in diesem Punkt habe ich selbst völlig versagt, bis Gott nach und nach durch sein Evangelium in meinem Leben eingriff und mir die Augen öffnete für mein Verhalten.
86 So beschreibt Paulus seine Berufung in Philipper 3. Ich werde auf dieses Merkmal biblischen Glaubens in Kapitel 9 zurückkommen.

Berufung und das Evangelium

»Ich sage euch: Wenn es um eure Gerechtigkeit nicht viel besser bestellt ist als bei den Gesetzeslehrern und Pharisäern, werdet ihr nie in das Reich kommen, in dem der Himmel regiert« (Matthäus 5,20; NeÜ).

»Ihr nun sollt vollkommen sein, wie euer himmlischer Vater vollkommen ist« (Matthäus 5,48).

»Nicht jeder, der dauernd ›Herr‹ zu mir sagt, wird in das Reich kommen, in dem der Himmel regiert, sondern nur der, der den Willen meines Vaters im Himmel tut. An jenem Tag des Gerichts werden viele zu mir sagen: ›Herr, haben wir nicht mit deinem Namen geweissagt? Herr, haben wir nicht mit deinem Namen Dämonen ausgetrieben und mit deinem Namen Wunder getan?‹ Doch dann werde ich ihnen unmissverständlich erklären: ›Ich habe euch nie gekannt! Macht euch fort! Ihr habt nie auf mich gehört.‹« (Matthäus 7,21-23; NeÜ)

Wir verschwenden unsere Zeit

Ich bete, dass du jetzt nicht von den harten Worten Jesu abgeschreckt wirst. Vielleicht hilft dir Folgendes zu verstehen, dass ich diese Worte im Zusammenhang mit Berufung und Lebensführung zitiere:

In den letzten drei Jahren durfte ich in einem christlichen Werk mitarbeiten, das sich unter anderem für das Leben von Ungeborenen einsetzt. Deswegen beschäftige ich mich ab und zu mit dem Thema Abtreibung. Dabei bin ich im Internet auf den Bericht eines Gynäkologen gestoßen, der um die 1200 Abtreibungen durchgeführt hat. Nüchtern erzählt er, wie solche Operationen ablaufen – einschließlich der Vorgehensweise, die einzelnen Körperteile des Babys zu zerstückeln und herauszuzerren. Dabei wird mir richtig übel und ich beginne über das tägliche Abschlachten von wehrlosen Babys im Mutterleib in unserem Land nachzudenken. Dann denke ich über *uns* nach. Und über die Gemeinde.

Es gibt Momente, wo die Realität so richtig »einschlägt«. Millionen Babys werden in unseren Krankenhäusern brutal ermordet, während die Gemeinde Gottes schläft und sich selbst verwirklicht, statt zu fragen, wie wir in einer gottlosen Kultur herausfordernd und verantwortungsvoll leben können. Haben wir uns mit dieser gottlosen Kultur angefreundet? Ich denke in diesen Momenten über die Tatsache nach, dass unzählige Menschen außerhalb und innerhalb unserer Gemeinden ahnungslos – oder mit falschen Hoffnungen und einem falschen Bild von Gott und seiner Berufung – sterben und ins Feuer der Hölle geraten. Glückselig die Abgetriebenen, denn sie erleben nur ein paar Minuten Hölle durch die Werkzeuge der Chirurgen, ehe Gott sie in seinem Reich willkommen heißt. Aber umso tragischer ist es, für diejenigen, die den Mut nicht haben, Gottes Ruf zu folgen und ihr kostbares Leben verschwenden.

Petrus sagt vorausschauend auf das kommende Gericht:

Was für Leute müsst ihr dann sein in heiligem Wandel und Gottseligkeit, indem ihr die Ankunft des Tages Gottes erwartet und beschleunigt, um dessentwillen die Himmel in Feuer geraten und aufgelöst und die Elemente im Brand zerschmelzen werden!« (2. Petrus 3,11b-12)

Eine Sache, die mir wirklich zu schaffen macht, sind Christen, die ständig »nach Gottes Willen fragen« und gerne »über ihre Berufung reden«, aber nicht *von Gott selbst ergriffen sind*. Menschen, die so oberflächlich sind, dass sie von den erschreckenden Realitäten und tobenden Kämpfen der geistlichen Welt unberührt bleiben. Menschen, die uns Predigten halten, aber kein brennendes Verlangen haben, dass ihre Arbeitskollegen gerettet werden. Menschen, die unsere Anbetung leiten, aber keine bewundernde Ehrfurcht vor dem Gott der Bibel verspüren. Menschen, die Gott mit Worten segnen und nach dem Gottesdienst über andere, in Gottes Ebenbild geschaffene Menschen schlecht reden. Menschen, die nicht heilig leben, sondern an Gottes Berufung vorbeileben.

Ich beobachte zunehmend eine »Christenheit«, die sich mehr um sich selbst, ihre Bequemlichkeiten und ihre Probleme dreht

Berufung und das Evangelium

als um die Verloren in der Welt. Persönlich denke ich dann oft nicht weiter, weil mir auch davon übel wird.

Was für Leute müssen wir denn sein? Um es kurz zu machen: Wir müssen Menschen sein, die von der Kraft des lebendigen Gottes überwältigt, umgeworfen und neu aufgebaut wurden. Menschen, die das Evangelium lieben, weil sie Gottes Rettung persönlich erlebt haben – Gottes Ruf heraus aus der Selbstverwirklichung in ein heiliges, Gott hingegebenes Leben hinein.

Wenn Gott ruft ...

Berufung ist ein Aspekt von göttlicher Rettung. Man kann Berufung nicht leben, wenn man nicht gerettet ist. Und gerettet werden wir durch das Hören und Annehmen von Gottes Evangelium, Gottes guter Nachricht.[87]

Es ist mein Gebet, dass Gott in seiner Gnade dieses Kapitel benutzt, um Leser dieses Buches, die immer noch »Berufung light« leben wollen, zu retten. Deswegen werde ich mich bemühen, das Evangelium unserer Berufung möglichst klar und verständlich zu erklären.

Im Abschnitt »Als Sünder Kritik annehmen« (S. 100) haben wir einen grundlegenden Irrtum gesehen: Viele schätzen sich selbst falsch ein und erkennen gar nicht den wahren Zustand ihrer sündigen Natur. Die Bibel beschreibt solche, die meinen, zum Volk Gottes zu gehören, als brünstige Kamele, die nicht anders können, als der Sünde nachzulaufen (nach Jeremia 2,23-24). Und genau das wird uns bereits auf den ersten Seiten der Bibel bestätigt, beim Sündenfall in 1. Mose 3! Interessanterweise finden wir auch dort die erste Bibelstelle, wo Gott einen Menschen »ruft«:

> »Und sie hörten die Stimme Gottes, des HERRN, [...]. Da versteckten sich der Mensch und seine Frau vor dem Angesicht

---

87 Das Wort Evangelium kommt aus dem Griechischen und bedeutet »Gute Nachricht«.

Gottes, des HERRN, [...]. Und Gott, der HERR, *rief* den Menschen und sprach zu ihm: Wo bist du?« (1. Mose 3,8-9)

Gott hatte den Sternen geboten, und sie begannen zu leuchten (1. Mose 1,14-16). Gott hatte die Meereswellen in ihre Grenzen verwiesen und sie gehorchten (1. Mose 1,9). Gott befahl der Erde, dass sie Pflanzen und Tiere hervorbringen soll, und es geschah so, wie Gott sagte (1. Mose 1,11-12.24-25). Und nun muss er den Menschen rufen – »Wo bist du?« – weil der Mensch die törichte Dreistigkeit besaß, gegen Gott zu rebellieren. Adam und Eva antworteten auf Gottes Ruf mit unverschämten Ausreden und trotzigem Ablenken von ihrer Schuld. Seitdem reagieren Menschen in der Bibel auf Gottes Ruf immer wieder mit Rebellion und Ablehnung: »Sooft ich sie rief, gingen sie von meinem Angesicht weg« (Hosea 11,2).[88]

Gott ruft auch heute noch. Er redet in dein Leben hinein. Er tut das durch seine Worte, die Heilige Schrift.[89] Gott ruft auch dich: »Wo bist du?« Hörst du auf ihn, indem du dich zu ihm hinwendest und in seiner Berufung wandelst und für Gott lebst?

Gott *muss* Ungehorsam richten

Die Bibel lehrt auch, was die Konsequenzen sind, wenn wir auf seinen Ruf nicht mit Gehorsam antworten: Gott wird uns in seinem gerechten Zorn richten. Wenn *wir* dann zu ihm rufen, wird er uns nicht hören.

Die Propheten warnten das Volk Gottes vor seiner Konsequenz, wenn sie nicht auf sein Rufen hörten. Sacharja und Jesaja benutzten Worte, vor denen es mich persönlich schaudert:

---

88 Diese Stelle bezieht sich auf Israel (siehe V. 1). Selbst Gottes Volk, welches Gott liebevoll aus der Sklaverei in Ägypten gerufen hatte, verachtete letztlich seinen Ruf zu einem heiligen Leben (ein treuer Überrest ausgenommen).

89 Durch das Gesetz offenbart er dir seinen Willen. Durch die Propheten redet Gott uns ins Gewissen. Durch seine Weisheitsbücher (Sprüche, Prediger, Jakobusbrief, etc.) macht Gott deutlich, wie seine heilige Berufung in den Details des Lebens aussehen müsste.

Berufung und das Evangelium

»Aber sie weigerten sich aufzumerken und zuckten widerspenstig die Schulter und machten ihre Ohren schwerhörig, *um nicht zu hören*. [...] so kam ein großer Zorn auf beim HERRN der Heerscharen. Und es geschah: Wie *er gerufen* und sie nicht gehört hatten, so werden *sie rufen*, und *ich werde nicht hören*, spricht der HERR der Heerscharen.« (Sacharja 7,11-13, Hervorhebung von mir. Siehe auch Jesaja 65,12; Sprüche 1,24-28)

Gott wird irgendwann nicht mehr rufen, sondern richten. Das lehrt die Bibel unmissverständlich.[90] Und Gott, der Richter des Universums, hat dazu jedes Recht.

Wir haben ein ernstes Problem, nämlich: Gott ist gut. Nun, warum ist das ein Problem? Das Problem liegt darin, dass *wir vor einem so guten Gott nicht gut sind*. Jesus war ziemlich direkt: Wir sind »böse Menschen« (Matthäus 7,11). Wir haben Gottes gerechten Zorn verdient. Gerade weil Gott *so gut* ist, ist unsere Ablehnung *so schlimm*.

Ein Vater, der seine Kinder liebt, *muss* Kindesmissbrauch hassen. Weil Gott das Gute liebt, *muss* er das Böse hassen. Gottes Ruf zur Heiligkeit wäre für den Menschen das Beste. Wenn der Mensch aber für die Sünde lebt, spricht er über sich selbst das schlimmste Gericht. Gott, der gerecht ist, *muss* ihn dafür verurteilen.

Wir leben in einer Kultur, die ein Problem damit hat, dass Gott richten wird. Die Bücher, die wir lesen, die Serien, die wir uns reinziehen, die YouTube-Channels, die wir abonnieren: All das sagt uns, dass wir verrückt sind, wenn wir an einen richtenden Gott glauben. Erzähl den Leuten vom liebenden Gott, vom Gott, der auf ihre Bedürfnisse eingeht, und alle werden dich mögen. Aber Gottes Gericht über Sünde, die Hölle, ist in unserer Kultur ein Tabuthema.

---

90 Siehe Philip Zurbuchen P.: »Was die Bibel über die Hölle sagt«. In: *CJ Lernen*. https://www.cj-lernen.de/material/was-die-bibel-ueber-die-hoelle-sagt/ (Stand: 12.02.2019).

Dabei *muss* Gott Sünder bestrafen. Wie schlimm wäre es, wenn er es nicht täte! Wie würdest du reagieren, wenn deine Familie brutal ermordet, der Mörder aber vor Gericht freigesprochen würde? Wenn der Richter sagen würde: »Ich habe heute einen gnädigen Tag!« – und kurzum ist dem Mörder seine Strafe erlassen. Du würdest doch auf die Barrikaden gehen und alles in Bewegung setzen, dass diese unverantwortliche Witzfigur von Richter ersetzt, ein neues, gerechtes Urteil gesprochen wird und der Täter hinter Gittern kommt – am liebsten zusammen mit dem leichtfertigen Richter. Wie viel mehr muss doch »der Richter der Welt« (1. Mose 18,25) Sünde bestrafen!

Gottes Gerechtigkeit ist unser Todesurteil. Die Aussage: »Gott ist gut!«, ist für den Menschen eine furchterregende Botschaft! Der Termin steht fest, bei dem Gott alle Menschen nach ihren Taten richten wird (Römer 2,5-11). Wir sind durch unsere menschliche Bosheit dem heiligen Zorn Gottes ausgeliefert. Seine Verachtung für Sünder und sein Gericht über alle Gottlosen werden eines Tages über die Menschheit hereinbrechen (Römer 1,18; 2,8-9; Psalm 2,4.5).

Hast du in deinem Leben schon einmal jemanden betrogen oder belogen? Wenn die Antwort »Ja« lautet, dann bist du in Gottes Augen alles andere als liebenswürdig (Psalm 5,4-6). Hast du schon jemanden aus Zorn »Dummkopf« genannt? Dann bist du laut Jesus ein Mörder und gehörst in die Hölle (Matthäus 5,21-22). Du hast Gottes Ruf zur Heiligkeit verachtet.

Es gibt aber auch einen anderen, weit wichtigeren Grund, warum Gott richten muss. Wenn mich jemand rufen würde, mit dem ich gar nichts zu tun habe, würde es kaum Folgen haben, wenn ich seinem Ruf nicht Folge leiste. Schlimmer wäre es schon bei meinem Arbeitgeber oder gar, wenn ich eine Vorladung vom Gericht zugestellt bekomme. Da dürfte ich schon allein wegen der Autorität oder amtlichen Vollmacht der Rufenden ihren »Ruf« nicht ignorieren.

Gott hat alle Macht, Hoheit und Anspruch auf Herrschaft über alles. Er ist unendlich wertvoller in sich selbst gegenüber allem, was er geschaffen hat. Gegen ihn, den uneingeschränkten

Berufung und das Evangelium

souveränen Gott, mit Ablehnung oder gar Rebellion zu reagieren, muss die schlimmste Konsequenz nach sich ziehen, die man sich nur vorstellen kann.

Um den Menschen ist es grundsätzlich schlimm bestellt. Er schafft es nicht, Gott zu gehorchen. Er wurde durch den Sündenfall so verdorben, dass er weder durch seine Willenskraft noch durch seine eigenen Leistungen Gottes Ruf gerecht wird. Gottes Berufung für sein Volk war klar: »So haltet nun die Worte dieses Bundes und handelt danach, damit euch alles, was ihr tut, gelingt« (5. Mose 29,8). Sie hatten aber weder sehende Augen noch hörende Ohren für seinen Ruf, noch ein Herz, ihn zu erkennen (V. 3).

In den lebhaften Erzählungen und in den drastischen Gedichten des Alten Testaments lernen wir, dass *niemand* Gottes Forderungen erfüllen kann; dass niemand seinem Ruf gewachsen ist. Selbst ein Abraham lügt ganz bewusst und gibt seine Frau anderen Männern preis – zweimal! Jakob lügt und betrügt. Mose, der Mann, der Gottes Gesetz bringt, darf wegen seines Ungehorsams selbst nicht ins verheißene Land. Sogar die Priester, die Gottes Volk von ihren Sünden reinigen sollten, verderben sich und werden korrupt. Auch David, der »Mann nach dem Herzen Gottes«, begeht Ehebruch und Mord. (Man fragt sich, was David getan hätte, wenn er *nicht* ein Mann nach Gottes Herzen gewesen wäre!) Selbst ein Daniel – einer der vorbildlichsten Menschen im AT – bekennt sein eigenes Versagen.[91] *Niemand* tut Gottes Willen. Nicht weil Gottes Wille nicht liebevoll, vernünftig und gut wäre, sondern aus dem einfachen Grund: Das Böse im Menschen entsteht weder durch seine Umstände noch durch sein soziales Umfeld, sondern aus seinem bösen Herzen heraus (siehe Römer 3,9-19; Markus 7,20-23).

Und selbst diese Tatsache entschuldigt dich nicht, wenn du ein gottloses Leben geführt hast. Du und ich, wir werden einmal *einzeln* vor dem großen, weißen Thron Gottes stehen müs-

---

[91] Bibelstellen zur Aufzählung: 1. Mose 12 und 20; 1. Mose 27; 5. Mose 32,51-52; Hesekiel 22,26; 2. Samuel 11; Daniel 9,6.9-11.18.

sen (Offenbarung 20,11-12). Das Versagen anderer wird für unseren persönlichen Gerichtsprozess vollkommen irrelevant sein. Es wird keine »mildernden Umstände« geben. Im Gegenteil: Die ganze Güte und Langmut Gottes über dein Leben wird gegen dich aussagen, weil sie dich zur Umkehr hätte treiben sollen (Römer 2,4-8).

Es ist hoffnungslos. In Epheser 2 beschreibt Paulus diejenigen, die Gottes Berufung nicht leben, sondern »gemäß dem Zeitlauf dieser Welt wandeln« (V. 2), als »tot in Vergehungen und Sünden« (V. 1). Das bedeutet, sie sind völlig unfähig, Gottes Berufung zu leben. Sie sind von Natur aus »Söhne des Ungehorsams« (V. 2). Es liegt in ihrer Natur, Gott ungehorsam zu sein. Paulus sagt, dass sie nur ihren egoistischen Willen tun und nach ihren menschlichen Gedanken handeln und somit »von Natur Kinder des Zorns« (V. 3) sind. Er beschreibt sie als wandelnde Leichen in Bezug auf Gottes Berufung.

Tote Menschen brauchen keine Motivationspredigten. Sie brauchen ein Wunder. – Wir brauchen Gottes Eingreifen. Wir brauchen das Evangelium.

Was ist das Evangelium?

Hoffentlich verstehen wir, wie hoffnungslos unsere Situation ist – ohne das Evangelium! Wir können wegen unseres bösen Herzens Gottes heilige Berufung nicht leben und stehen deswegen unter seinem schrecklichen Zorn. Ich will diese beiden Tatsachen mit zwei Hürden vergleichen – Hindernisse auf unserer Laufbahn, auf unserer Suche nach Gottes Willen. Die erste Hürde ist der Zorn Gottes über unsere vergangene Rebellion, die zweite Hürde ist unsere Unfähigkeit, es in der Zukunft besser zu machen.

Diese zwei Hürden sind unüberwindbar – jedenfalls für uns. Aber es gibt eine Person, einen ausgezeichneten Athleten, der beide Hürden zugleich für uns überwunden hat.

Vor zweitausend Jahren wurde Jesus Christus geboren. Er lebte vom ersten Atemzug an *völlig* in Übereinstimmung mit Gottes

Berufung und das Evangelium

Willen und seiner Berufung. Er lebte heilig und gehorchte seinen Eltern. Er erfüllte Gottes Forderungen von Kindheit und Jugend an. Er arbeitete treu und mit den richtigen Motiven. Er ließ sich auch als Erwachsener nicht auf Satans Verführung, Gottes Berufung umzudeuten, ein (Matthäus 4,1-11). Er liebte Gott, seinen Vater, über alles. Er lebte Gottes Forderung, heilig zu sein, in allen Facetten seines Charakters, Handelns und Denkens. Und der rufende Gott fand in ihm endlich einen Menschen, an dem er wirklich Gefallen hatte:

»Und eine Stimme aus dem Himmel sprach: Du bist mein geliebter Sohn, an dir habe ich Wohlgefallen gefunden.« (Markus 1,11)

Jesus liebte die Berufung seines Vaters, obwohl sie ihm letztlich alles kosten würde. Für Jesus war Gottes Wille sein Grundnahrungsmittel:

»Meine Speise ist, dass ich den Willen dessen tue, der mich gesandt hat, und sein Werk vollbringe.« (Johannes 4,34).

Gott hat einen Sohn, an dem er Gefallen hat. Er liebt ihn über alles. Und dieser geliebte Sohn machte eine Art Tauschhandel mit allen, die an ihn glauben würden: unsere Sünde für seine Gerechtigkeit. Unsere Rebellion für seinen Gehorsam.

Gott ließ seinen Sohn durch die Hand der Menschen kreuzigen. Am Kreuz hat er ihn leiden lassen. Dort wurde Jesus, Gottes eigener Sohn, vom Zorn des allmächtigen Gottes geschlagen.

»Doch dem HERRN gefiel es, ihn zu zerschlagen. Er hat ihn leiden lassen.« (Jesaja 53,10; siehe auch Markus 15,34; Römer 3,25)

Am Kreuz nahm Jesus unseren Platz ein, und Gott *hatte Gefallen daran, ihn zu zerschlagen*. Das ist erschreckend. Jesus hatte Gottes Berufung als einziger vollständig gelebt. Aber er wurde von

Gott so behandelt, als hätte er Gottes Willen verworfen! Die anderen, die Gottes Berufung nicht lebten, standen vor dem Kreuz, spotteten und sagten: »Gott rette ihn jetzt, *wenn er Gefallen an ihm hat*« (Matthäus 27,43). Und zu unserem Entsetzen rettete Gott seinen Sohn *nicht* vor dem Gericht.

Der Vater hat seinen Sohn *nicht* verschont. Jesus wurde am Kreuz »zur Sünde« gemacht und nahm stellvertretend für Sünder den heiligen Zorn Gottes auf sich, damit nun Gott Sündern seine Gnade im Übermaß zeigen kann (siehe 2. Korinther 5,21; Epheser 1,7-8):

> »Denn Gott hat die Welt so sehr geliebt, dass er seinen einzigen Sohn hingab, damit jeder, der an ihn glaubt, nicht verloren geht, sondern ewiges Leben hat.« (Johannes 3,16; siehe auch Römer 5,8-9)

Vater und Sohn sind sich völlig einig. Sie tun das alles, damit offensichtlich wird, dass Gott weder bei der Sünde ein Auge zudrückt, noch den Sünder einfach so gehen lassen kann. Am Kreuz wird Gottes Gerechtigkeit gegenüber Sündern für alle Welt sichtbar. Niemand wird Gott je vorwerfen können, er hätte Sünde ignoriert oder kleingeredet. Gott ist kein leichtfertiger Richter. Er ist vielmehr Richter *und* Retter, gerecht *und* gnädig.

Jesus hat also für mich diese erste Hürde überwunden. Ich bin nicht mehr unter dem Zorn Gottes, sondern ein geliebtes Kind des Vaters! Wir haben die Rollen getauscht. Jesus nahm am Kreuz meine Sünde und gab mir dafür seine Gerechtigkeit.

Jesus erlitt also die gerechte Strafe für *mein* Leben. Aber es bleibt nicht dabei. Es ist nicht nur so, dass ich meine Sünde Jesus geben kann. Jesus gibt mir auch etwas, nämlich *seine* makellose Gerechtigkeit (2. Korinther 5,21). Die Liebe des Vaters zum gehorsamen, treuen Sohn gilt jetzt jedem Gläubigen. Dieselbe Liebe! Wenn ich jetzt mit all meinem Versagen vor Gott komme, liebt er mich innig. Sogar dann, wenn ich meinen himmlischen Vater durch meine Sünden betrübe (Epheser 4,30), bleibt mir doch ganz sicher, dass er mich unbeschreiblich liebt (Römer 8,1;

8,31-32; Psalm 103,10-13). Und zwar mit der gleichen gewaltigen Liebe, mit der er seinen Sohn liebt. Die Rechtfertigung ist ein so unglaubliches Geschenk. Ich muss mich nicht mehr länger vor Gott verstecken wie Adam und Eva. Wenn Gott mich ruft, kann ich freudig sagen: »Hier bin ich, Vater!« Ich darf als Gottes geliebtes Kind jederzeit vor seinem liebevollen Angesicht erscheinen – selbst dann, wenn meine Nachfolge unvollkommen ist; ich darf zu einem Gott beten, der sich über mich freut, durch Jesus Christus!

Paulus schreibt im Rückblick auf das Kreuz: »… denn alle haben gesündigt und erlangen nicht die Herrlichkeit Gottes und werden umsonst gerechtfertigt durch seine Gnade, durch die Erlösung, die in Christus Jesus ist« (Römer 3,23-24).

Das ist nur möglich, weil Gott am Kreuz seine Gerechtigkeit zeigte, im stellvertretenden, zornbesänftigenden Opfer seines geliebten Sohnes (siehe V. 25). Gott kann Sünder liebevoll berufen,[92] weil er sie durch das Blut seines Sohnes, den er über alles liebt, rechtfertigt. Er kann Sünder aus dem »Tod in Sünden und Übertretungen« herausrufen, weil er sie gerecht spricht im Tod des Sündlosen.

Jesus hat diese erste Hürde für jeden überwunden, der glaubt.[93] Die Frage, wie Gott dich liebevoll berufen kann, ist beantwortet: Er kann es tun, weil sein Sohn für deine Rebellion gestorben ist!

Ein Ruf zur Umkehr

Jesus ist einzigartig. Schau dir sein Leben an und du wirst merken, dass Gottes Wille und Auftrag ihn förmlich durchdrang. Er hat Berufung *wirklich* gelebt.[94] Das allein gibt Jesus eine un-

---

[92] Gottes Berufung geschieht *in Liebe* (siehe z. B. Gottes Rufen von Kyrus, dem Perserkönig – Jesaja 48,14-15 oder auch Hosea 11,1).

[93] Mit dieser großen Bedingung »jeder, der an ihn glaubt« werden wir uns im letzten Kapitel (Berufung aus Glauben leben) näher beschäftigen.

[94] Siehe Fußnote 6.

geheure Autorität. Aber zusätzlich starb Jesus für Sünder. Das wiederum unterstreicht seine Barmherzigkeit, Liebe und Gnade.

Diese beiden Seiten seiner Person – einerseits seine Macht und Autorität und anderseits seine demütige Liebe und Aufopferung – machen ihn absolut bewundernswert. Es sind zwei an sich schöne Eigenschaften, die man aber nicht zusammen erwarten würde. Bundeskanzler oder Präsidenten dienen gewöhnlich nicht demütig. Gnädige Menschen haben manchmal keine Autorität. Wenn wir aber Menschen begegnen, die beide Seiten zeigen, Autorität und demütige Liebe, hören wir gerne zu.

Als ich im Wehrdienst als Panzergrenadier diente, erlebte ich viele Vorgesetzte ohne Autorität. Ich gehorchte ihnen zwar, Jesus zuliebe, aber sie haben mich als Menschen nicht überzeugt. Doch es gab einen, unseren Oberleutnant, der mich beeindruckte. Er war ungefähr zwei Meter groß und überragte fast alle in unserer Kompanie. In den sportlichen Disziplinen konnte er mit Rekorden glänzen. Er führte uns als kompetenter Kartenleser auf langen Märschen, ohne Schwäche zu zeigen. Das gab ihm Autorität. Aber da war noch etwas anderes an seiner Person: Er schien uns zu mögen. Es ging ihm nicht so sehr um sich selbst, sondern er hatte immer das Wohl der Soldaten im Blick. Seine Anordnungen waren nicht rücksichtslos. Für uns bedeutete es viel, am Ende eines anstrengenden Tages sein anerkennendes Nicken zu sehen. Autorität und Stärke waren mit Fürsorge und Aufopferung verbunden, sodass man ihm gerne gehorchte.

Wer aufrichtig das Leben, Reden, Dienen und Sterben Jesu studiert, muss feststellen, dass ihm alle Autorität und Macht gehörte, dass ihm aber auch alle Demut und Liebe innewohnte. Jesu Worte hatten solche Macht, dass sie die führenden Intellektuellen damals zum Schweigen brachten. Anderseits sprach er mit solcher Demut und liebevollen Leichtigkeit, dass das einfache Volk ihm gerne zuhörte und Kinder ihn liebten. Mit einem Wort befahl er dem Sturm und er schwieg. Zuletzt weigerte er sich jedoch aus Liebe, seine Macht zu gebrauchen, um vom Kreuz herabzusteigen. Wer die Herrlichkeit von Jesus sieht, wird ihm gerne gehorchen. Und das ist auch der Wille Gottes. Gott, der schon im Garten Eden den Menschen ruft, sandte seinen Sohn zu uns und spricht: »Hört auf ihn!« (Matthäus 17,5).

Das Kreuz macht eine Sache sehr deutlich: Die Tragweite unserer Rebellion gegen Gott. Wir lebten seine Berufung nicht; wir traten sie sogar mit Füßen! Es brauchte ein blutiges Opfer, eine grässliche Szene an einem römischen Folterinstrument, damit Gott uns Frieden anbieten kann. Der Tod Jesu zeigt uns also, wie schlimm alle gottlosen Lebenswege sind. Anderseits zeigt uns das Leben Jesu, dass ein demütiger Weg im Gehorsam gegenüber Gott zum Thron Gottes führt (nach Philipper 2,1-11). Das ganze Wesen des Sohnes Gottes fordert uns also zu einer Sache heraus: Unsere bösen Wege zu verlassen – denn sie haben Jesus den Tod gebracht – und stattdessen auf Gottes Stimme zu hören! Die Bibel nennt das »Buße«.

Es ist also nicht erstaunlich, dass die Kernaussage der Botschaft von Jesus folgende war: »Tut Buße und glaubt an das Evangelium!« (Markus 1,15; siehe auch Matthäus 4,7; Lukas 5,32; 15,7).

Gott erwartet eine Antwort auf sein Evangelium, auf seinen Ruf. Die Antwort lautet: Umkehr und Glauben.

Umkehr bzw. Buße könnte man so erklären: Bei einer Autofahrt merkst du, dass du in die völlig falsche Richtung fährst. Also bremst du ab, wendest und fährst dann für den Rest der Fahrt in die entgegengesetzte Richtung. Das Evangelium bewegt uns dazu, auf der Landstraße unseres Lebens anzuhalten und die Richtung zu ändern.

Womöglich wird dir an dieser Stelle bewusst, dass du das so noch gar nicht erfahren hast. Du fragst dich vielleicht: Lebe ich wirklich Gottes Berufung? Oder habe ich mir die ganze Zeit etwas vorgemacht, was mein Christsein betrifft? Entspricht mein Christsein wirklich der »Berufung Gottes«, wenn es weder mit Verzicht noch mit Aufopferung und Selbstverleugnung verbunden ist?[95]

---

95 Vielleicht gleicht deine Einstellung der, die Gott in seinem Volk beschrieb: »Sie suchen mich Tag für Tag und begehren, meine Wege zu kennen, wie ein Volk, das Gerechtigkeit geübt und das Recht seines Gottes nicht verlassen hat; sie […] begehren die Nähe Gottes« (Jesaja 58,2). Sie fragen nach Gottes

Wenn du merkst, dass du Gottes Berufung noch gar nicht lebst, dann brauchst du – ähnlich wie dieser Autofahrer – erst einmal den Mut einzugestehen, dass du in die falsche Richtung fährst. Du musst vor Gott einknicken und anhalten (auf die Bremse treten) und Gott das ehrlich eingestehen. Denke darüber nach, wie du bisher gelebt hast, und sei vor Gott darüber entsetzt. Richte dich dann auf den aus, der für dich Gottes Gericht auf sich genommen hat: Jesus Christus. *Glaube an ihn* und folge seiner Berufung für dich!

Jesus hat Gottes Berufung gelebt. Er wurde deshalb auch von Gott dazu eingesetzt, einmal alle zu richten, die sich seinem Ruf widersetzen (Apostelgeschichte 17,31; Offenbarung 5,1-5.9; Offenbarung 20,11-15). Es wird also ein Tag kommen, wo Gottes Zorn über alle die hereinbricht, die seine heilige Berufung nicht gelebt haben. Solltest du an Gottes Berufung vorbeileben und noch keinen Frieden in Jesus haben, dann bitte ich dich: Fliehe vor diesem Zorn! Aber fliehe nicht in die Werkgerechtigkeit. Gib dir nicht einfach »ein bisschen mehr Mühe«. Versuche nicht wie Lina, die Putzfachkraft aus Kapitel 1, nach deinem eigenen Konzept zu leben, denn Gott durchschaut dich. Fliehe nicht zu einer Bestätigung, die dir andere Menschen geben können. *Fliehe stattdessen zum Evangelium!*

Der Jugendpastor Wilhelm Busch beschrieb einmal treffend, was »zum Evangelium fliehen« bedeutet:

»Im Ersten Weltkrieg war ich Artillerist. Da hatten wir Kanonen mit Schutzschilden. Einmal standen wir ohne Infanterie vorne. Und dann kam ein Angriff mit Panzern – ›Tanks‹ nannten wir sie damals. Wie Hagel schlugen die Infanteriegeschosse auf unsere Schutzschilde. Aber die waren so stark, dass wir dahinter geborgen waren. Und da habe ich denken

---

Berufung. Sie wollen seine Nähe und Führung erfahren. Aber sie leben an Gottes Willen völlig vorbei: »Rufe aus voller Kehle, halte nicht zurück! Erhebe deine Stimme wie ein Horn und verkünde meinem Volk sein Vergehen und dem Haus Jakob seine Sünden!« (V. 1)

Berufung und das Evangelium

müssen: ›Wenn ich jetzt bloß die Hand hinter dem Schutzschild herausstrecke, dann wird sie durchsiebt, dann bin ich verloren, dann muss ich elend verbluten. Aber hinter dem Schutzschild bin ich geborgen!‹ Und sehen Sie: Das ist mir Jesus geworden. Ich weiß: Ohne Jesus vergehe ich im Gericht Gottes. [...] Aber wenn ich hinter dem Kreuze Jesu stehe, bin ich geborgen wie hinter dem Schutzschild. Da darf ich wissen: Er ist mein Versöhner! Er ist mein Erretter! Jesus ist die rettende Liebe Gottes! Hören Sie: ›Gott will, dass allen Menschen geholfen werde.‹ Darum hat er seinen Sohn gegeben, zur Rettung, zur Versöhnung. Auch für Sie! Und nun ruhen Sie nicht, bis Sie diesen Frieden Gottes haben, bis Sie gerettet sind!«[96]

Die alten Israeliten mussten für ihre Sünden unter anderem Friedensopfer bringen (3. Mose 3). Wer mit einem heiligen Gott Frieden haben wollte, musste ein Schaf[97] stellvertretend für sich schlachten lassen. Das Opfer durfte weder krank sein noch irgendwelche Makel oder Unreinheiten aufweisen. Der Opfernde legte seine Hände auf den Kopf des Schafes und stützte sich auf das Tier. Währenddessen wurde dem Schaf die Kehle durchgeschnitten. Der Gläubige drückte damit einen Tausch aus: »Meine Fehler für die Makellosigkeit dieses Tieres vor Gott.« Seine Gerechtigkeit vor dem heiligen Gott beruhte darauf, dass das geopferte Tier »ohne Fehler« war (vgl. 2. Mose 12,5; 3. Mose 1,3.10; 1. Petrus 1,19). Die Reinheit des Opfertieres gehörte jetzt dem Gläubigen. Das Tier ertrug die gerechte Strafe für ihn – es wurde geschlachtet und als Feueropfer auf dem Altar verbrannt.

Diese alttestamentliche Praxis ist ein Bild dafür, was passiert, wenn jemand auf Jesus vertraut (siehe Johannes 1,29; 1. Petrus 1,19). Wir sind eingeladen, uns vor dem heiligen Gott Israels *auf Jesus zu*

---

96 Wilhelm Busch: *Jesus unser Schicksal. Vorträge von Tonbändern.* 45. Auflage, Neukirchen-Vluyn: Neukirchener Aussaat 2010, S. 13-14.

97 Die Israeliten durften entweder einen Stier, ein Schaf oder eine Ziege darbringen (siehe 3. Mose 3).

stützen[98]. Seine Gerechtigkeit für meine Sünde. Seine erfüllte Berufung für mein Versagen. Seine »weiße Weste« für meine durch Sünde beschmutzten Kleider. Dabei können wir über seine Reinheit staunen. Welchen heiligen Wert muss Jesus haben, wenn sein Opfer völlig ausreicht, um meine Verdorbenheit, Sünde und Rebellion (und zusätzlich die der ganzen Welt) zu tragen!
Ein altes Lied sagt:

> »Nichts bringe ich in meinen Händen.
> Nur an dem Kreuz halte ich fest!«[99]

Das Lied beschreibt, wie wir letztlich Gottes Ruf beantworten müssen. Wir können Gott nichts vorweisen. Nur derjenige wird für gerecht erklärt, der aus Glauben an Jesus lebt.

Wenn du nicht sicher bist, ob du Glauben hast, dann gib dir keine Ruhe, bis du sicher bist! Fliehe vor dem Zorn Gottes! Aber fliehe zum Evangelium hin. Nimm Jesus als dein stellvertretendes Opfer an und »stütze« dich völlig auf das, was er vor zweitausend Jahren für Sünder getan hat! Bitte Gott, dir die Augen zu öffnen für den Wert Jesu, dem Opferlamm Gottes.

Gottes Ruf ist für jeden *Selbstgerechten* eine Aufforderung, *allen* Geboten Gottes zu gehorchen – was unmöglich ist. Den *Hilflosen* aber, die von Gottes Ansprüchen überfordert sind, ist Gottes Ruf eine gnädige Einladung, im perfekten Gehorsam Christi zu ruhen.

Gib auf, Gott beeindrucken zu wollen. Stütze dich machtlos auf Gottes mächtiges Evangelium. Sage zu Gott: »Ich kann dir nichts bringen. Ich halte an dem Kreuz von Jesus fest. Rette mich, oh Herr!« Du musst erkennen, dass du die hohen Hürden

---

98 Jesus wird in der Bibel als der Eckstein beschrieben, der seine Gemeinde trägt (1. Petrus 2,6). Wenn du zu seiner Gemeinde gehören willst, musst du dich also völlig auf ihn stützen. Wenn du mit deiner eigenen Unfähigkeit, Gott zu gefallen, konfrontiert wirst, dann nützt sämtliches Strampeln, Anstrengen, Leisten nichts. Der Glaubende wird den stabilen Eckstein sehen und sich kraftlos auf ihn, Jesus Christus, stützen.

99 Aus dem englischen Lied übersetzt: »Rock Of Ages, Cleft For Me«.

von Gottes Berufung unmöglich selbst überwinden kannst. Und du musst zu dem »fähigen Athleten« kommen, der sie für Unfähige überwunden hat: Jesus Christus.

Unser Versagen ist keine Bagatelle vor einem heiligen Gott. Deshalb fliehe vor seinem Zorn! Aber fliehe nicht von ihm weg; fliehe *zu ihm hin*, denn er ist gnädig! Wende dich ab von deiner Sünde, deiner Selbstverwirklichung, deiner Selbstrechtfertigung. So wahr Gott lebt: Am Kreuz empfängt er dich mit offenen Armen. Das Kreuz zeigt dir, wie schrecklich deine Sünde ist. Das Kreuz ist Gottes Mittel, dich von deiner Sünde abzuwenden und ein Leben in seiner Berufung zu führen. Du musst dazu seinem Evangelium glauben und Gott vertrauen, dass er deinen Glauben stärken und fest machen wird. Rufe zu Jesus: »Ich glaube. Hilf meinem Unglauben!« (Markus 9,24).

Dann, und nur dann, gilt auch dir die göttliche Zusage: »Geh hin, dein Glaube hat dich gerettet!«[100] (Markus 10,52).

Gottes Kraft zum Heil

»Denn ich schäme mich des Evangeliums nicht, ist es doch Gottes Kraft zum Heil jedem Glaubenden, sowohl dem Juden zuerst als auch dem Griechen.« (Römer 1,16)

Ich hatte erwähnt, dass Jesus neben dem Zorn Gottes noch eine weitere Hürde überwunden hat. Er hat nämlich deine und meine *Unfähigkeit* überwunden, damit wir Gottes Ruf jetzt folgen können.

Jesus vergibt nicht nur Sünde. Er bewirkt in Menschen auch Dinge, die sie eigentlich gar nicht könnten. Er macht Blinde sehend, Lahme gehend, Taube hörend. Diese Wunder sind alle wirklich geschehen. Sie sind aber auch Illustrationen für etwas

---

100 Das griechische Wort für *gerettet* bedeutet sowohl Rettung als auch Heilung. In diesem unmittelbaren Kontext wird es oft mit »geheilt« übersetzt, ohne aber die geistliche Rettung auszuschließen.

noch Größeres. Sie deuten auf etwas hin, was durch das Evangelium in unserem Leben passiert, wenn wir echten Glauben haben.

Jesus rief Lazarus aus dem vom Verwesungsgeruch stinkenden Grab heraus (Johannes 11,43). Er rief ihn, *bewirkte aber auch eine Antwort im Gerufenen.* Ein Toter kann dem Befehl »Lazarus, komm heraus!« unmöglich Folge leisten, es sei denn, er wird durch Gottes Sohn dazu befähigt. Erinnerst du dich noch, was Paulus im Epheser 2 schrieb? Wir waren »tot in unseren Vergehungen und Sünden«, als Gott uns rief (Epheser 2,1). Ähnlich wie Jesus den Lazarus auferweckte, sind wir »mit dem Christus lebendig gemacht« (V. 5). Christus rief Lazarus aus dem körperlichen Tod heraus. Gott ruft den Menschen durch Jesus Christus aus dem geistlichen Tod der Sünde heraus![101] Derselbe kraftvolle Geist, der Lazarus und schließlich Jesus selbst von den Toten zurückholte, wirkt auch in uns Christen (Römer 8,11).

Berufung ohne das Evangelium wäre unmöglich. Berufung zu leben, braucht Kraft, viel Kraft. Nur das Evangelium liefert uns die »Kraft Gottes« (Römer 1,16). Wenn du in Jesus deinen ganzen Halt findest, wird er dich befähigen, Gottes Berufung zu leben. Er wird in dir ein heiliges Leben bewirken.

Die Schrift fordert uns heraus, heilig zu sein. Gott befiehlt uns, mit aller Willenskraft, Ausdauer und freudiger Ehrfurcht Christus nachzufolgen. Aber wenn du bei vielen Versen in der Bibel genau hinschaust, siehst du, dass *Gott selbst in uns dieses tadellose und heilige Leben bewirkt:*

---

101 Gott macht schon im Alten Testament immer wieder klar: Er beruft das, was unwürdig, unerwartet und untauglich ist (1. Mose 12; Jesaja 41,8-10.14; 48,12; 51,2; siehe dazu Römer 8,30). Gottes Berufung wird in Römer 8,38 vor die Rechtfertigung gesetzt. Das beinhaltet, dass Gott nicht erst beruft, wenn jemand durch die Rechtfertigung völlig fehlerfrei vor ihm steht (vgl. Römer 5,6-8). Abram, zum Beispiel, wird zu der Zeit berufen, wo er noch fremde Götter anbetet und Gott nicht kennt! Abraham glaubte einem Gott, der aus dem Tod herausrufen kann: »vor dem Gott, dem er glaubte, der die Toten lebendig macht und das Nichtseiende ruft, wie wenn es da wäre« (Römer 4,17 vgl. Hesekiel 37,1-14). Dies zeigt, wie konsequent Gottes Vorgehensweise ist: Er beginnt nicht etwas, was er nicht auch wirklich zu Ende bringt.

Berufung und das Evangelium

»Daher, meine Geliebten – wie ihr allezeit gehorsam gewesen seid, nicht nur in meiner Gegenwart, sondern jetzt noch viel mehr in meiner Abwesenheit –, bewirkt euer Heil mit Furcht und Zittern! *Denn Gott ist es, der in euch wirkt, sowohl das Wollen als auch das Wirken zu seinem Wohlgefallen.* Tut alles ohne Murren und Zweifel, damit ihr tadellos und lauter [oder unverdorben, rein] seid, unbescholtene Kinder Gottes inmitten eines verdrehten und verkehrten Geschlechts, unter dem ihr leuchtet wie Himmelslichter in der Welt, indem ihr das Wort des Lebens festhaltet.« (Philipper 2,12-15)

»*Er selbst aber*, der Gott des Friedens, *heilige euch völlig*; und vollständig möge euer Geist und Seele und Leib untadelig bewahrt werden bei der Ankunft unseres Herrn Jesus Christus! Treu ist, der euch beruft; *er wird es auch tun*.« (1. Thessalonicher 5,23-24)

So wie Gottes Wort, das nicht leer zurückkehren wird, sondern bewirkt, was Gott gefällt (Jesaja 55,10-11), genauso wird Gottes Ruf an den Glaubenden kein leeres Leben zurücklassen (siehe z. B. Epheser 2,10; Römer 8,29). Wenn wir davon nicht überzeugt sind, unterschätzen wir die Kraft Gottes und die Wirksamkeit der Wiedergeburt.

Deine Berufung und Errettung sind völlig von Gottes Kraft abhängig. Diese Wahrheit zeigte sich sogar schon lange vor deiner Geburt. Gott hat den, der glaubt, vor Grundlegung der Welt auserwählt (Epheser 1,4). Und: »… die er aber vorherbestimmt hat [nach dem er sie vorher erkannt hat],[102] diese hat er auch berufen« (Römer 8,30). Seine Berufung stand sogar schon vor unserer Geburt fest, als wir »weder Gutes noch Böses getan hatten – damit der nach freier Auswahl gefasste Vorsatz Gottes bestehen bliebe, nicht aufgrund von Werken, sondern aufgrund des Berufenden« (Römer 9,11-12). Berufung – mit all ihren praktischen Auswirkungen – hängt untrennbar zusammen mit unserer Rettung, und zwar schon vor Beginn der Zeit! Wenn Gott

---

102 Siehe Vers 29. Der Vollständigkeit halber von mir in Klammern hinzugefügt.

mich durch seine Macht retten kann, dann kann er mich auch befähigen, seine Berufung zu leben. Wer Berufung lebt, tut es »aufgrund des Berufenden« (Römer 9,12).

»Denn er [Jahwe] sagt zu Mose: ›Ich werde mich erbarmen, wessen ich mich erbarme, und werde Mitleid haben, mit wem ich Mitleid habe.‹ So liegt es nun nicht an dem Wollenden, auch nicht an dem Laufenden, sondern an dem sich erbarmenden Gott.« (Römer 9,16; ein Zitat aus 2. Mose 33,19)

Mose war damals in der Wüste völlig verzweifelt über das Volk Israel. Sie hatten immer wieder Gottes Ruf verworfen und rebellierten gegen den Gott, der sie aus der Sklaverei herausgeführt hatte. Aber Gott gibt Mose einen warmen Hoffnungsstrahl: Der Unwille, die Trägheit, die Halsstarrigkeit dieses Volkes wird mich nicht daran hindern, ein wahres Israel unter ihnen[103] zu berufen. Es liegt eben *nicht* am Wollenden, auch nicht am Laufenden – an den Bemühungen des Menschen –, sondern an dem sich erbarmenden Gott. Gott sagt also: »Das Ausleben meiner Berufung an dieses Volk liegt völlig an mir!« Und im Umkehrschluss sagt uns Gottes Sohn: »Ohne mich könnt ihr *nichts* tun!« (Johannes 15,5).

Erinnerst du dich an das Beispiel mit dem LKW aus Kapitel 1? Wer mit einem LKW zusammenprallt, wird danach nicht unverändert sein. Wer eine Begegnung mit dem mächtigen Gott des Evangeliums hat, dessen Leben wird verändert[104] sein. Gott ist der, der rettet. Er ist aber auch der, der heiligt.

Wenn ich auf mein Leben zurückschaue, darf ich – wie jeder Christ, der schon länger mit seinem Herrn lebt – positive Veränderungen sehen. Über vieles denke ich jetzt völlig anders. Ich

---

103 Siehe Römer 9,6. Gott würde trotz ihrer Rebellion *einen Überrest unter ihnen* retten (Römer 11,1-7).
104 Die Bibel nennt diese Veränderungen »Früchte«. Siehe z. B. Matthäus 7,16-20. Das unterstreicht die natürliche Konsequenz unseres Glaubens, nämlich gute Werke.

Berufung und das Evangelium

liebe jetzt Dinge, die ich vorher bestenfalls langweilig fand. Ich hasse jetzt Dinge, die ich vor meiner Bekehrung liebte. Ich sehe jetzt über die Jahre hinweg vieles, was die Gnade Gottes bei mir verändert hat. Das gibt mir Zuversicht, mich diesem Gott weiterhin anzuvertrauen.

Die Zusagen Gottes geben mir aber auch gerade dann Geborgenheit und Gelassenheit, wenn ich an mir selbst verzweifle – was auch oft vorkommt. Manchmal erdrückt mich schier meine eigene Sündigkeit und ich würde auf mich allein gestellt die Hoffnung aufgeben, Gottes Berufung jemals leben zu können.

Ich habe auch immer wieder Momente, wo ich schlicht und einfach nicht weiß, wie ich Gott in einer konkreten Situation richtig dienen kann. Persönlich komme ich zum Beispiel schnell an meine Grenzen, wenn ich andere Menschen beraten soll. Ich sitze oft in Gesprächen und bete zu Gott: »Herr, ich bin mir gerade unsicher, was ich als Nächstes fragen oder sagen soll!« In solchen Momenten zweifle ich an meiner Berufung. »Bin ich wirklich am richtigen Platz, Gott? Hast du mich wirklich hierhin gestellt, oder war das alles ein großer Fehler meinerseits?«

In diesen Augenblicken denke ich dann an die Zweifel, die Mose im Blick auf seine Aufgabe mit dem Volk Israel hatte. Vielleicht hat er sich auch oft gefragt: Was mache ich hier eigentlich? Ich bin überzeugt, dass Gottes Zusagen ihm in diesen Momenten geholfen haben.

Wenn ich mit meinem Latein am Ende bin, dann sage ich manchmal meinem Gott: »Herr, ich habe keine Ahnung, wie es weitergeht. Aber es ist auch gar nicht meine Aufgabe, Ahnung zu haben. Gut, dass du Ahnung hast. Ich übergebe dir die Situation. Sieh du bitte zu, wie du sie irgendwie für deine Ehre benutzt!«

Dann beginne ich oft, einfach für sein Evangelium zu danken. Gott hat mich gerettet! Was kann dann überhaupt noch schief gehen?

Beim Nachdenken über sein wunderbares Evangelium werden Probleme, Zweifel und Selbstvorwürfe oft kleiner, meine Liebe und Freude an Gott größer, meine nächsten Schritte und Aufgaben klarer. Das Evangelium ist das einzige, was meine Liebe für Gott entfacht und meinen müden Händen und schwachen Beinen Kraft gibt, Gottes Ruf zu folgen.

Im nächsten Kapitel wollen wir zusammen darüber nachdenken, *wie* Gott das tut. Wie wirkt seine Kraft? Und wie kann ich sie erfahren? Wie kann ich, auf diese Kraft setzend, Berufung leben?

9 Berufung aus Glauben leben

Im letzten Kapitel haben wir gesehen: Der Mensch kann seine Berufung ohne Gott unmöglich leben. Das liegt daran, dass unser Herz böse ist und Gottes Befehle nicht hören will. Aber Gott beruft trotzdem Menschen durch das Evangelium. Die gute Nachricht von Christi Tod und Auferstehung ist Gottes Kraft in uns. Aber diese Kraft wirkt nicht einfach automatisch. Unsere Berufung hat nichts mit Zauberei zu tun. Das Evangelium ist keine Tablette, die man schluckt und dann einfach auf die positive Wirkung wartet. Gottes Geist wirkt, aber er wählt einen ganz besonderen Kanal für seine Kraft. Schauen wir uns noch einmal Römer 1,16-17 an:

> »Denn ich schäme mich des Evangeliums nicht, ist es doch Gottes Kraft zur Rettung *jedem Glaubenden*, [...]. Denn Gottes Gerechtigkeit wird darin offenbart *aus Glauben zu Glauben* wie geschrieben steht: ›Der Gerechte aber wird aus Glauben leben.‹« (Römer 1,16-17)

Wie wirkt »Gottes Kraft«? Wie kann ich sie erleben? Sie wirkt zur Rettung »jedem Glaubenden«, und zwar durch den lebenslangen Prozess des Glaubens. Deswegen benutzt Paulus den Ausdruck »aus Glauben zu Glauben«, was so viel heißt wie »mit Glauben beginnend und mit Glauben endend«. Das wird dadurch bestätigt, dass er aus dem Alten Testament zitiert: »Der Gerechte aber wird aus Glauben leben« (Habakuk 2,4). Es geht Paulus also nicht um eine einmalige Entscheidung. Das Evangelium fordert nicht nur unsere Zustimmung, sondern unser Leben: ein Leben im Glauben.

Auch Petrus erklärt, dass »… ihr in der Kraft Gottes *durch Glauben* bewahrt werdet zur Rettung« (1. Petrus 1,5). Auch er unterstreicht, dass Gottes Kraft sich *durch den Glauben* in unserem Leben entfaltet.

Ich gehe davon aus, dass du Gottes Berufung für dein Leben ernst nehmen möchtest. Du möchtest gerne heilig mit Gott leben und ihn von ganzem Herzen lieben und ihm gehorchen. Aber vielleicht weißt du noch nicht, *wie* du das tun kannst. Die Antwort ist eigentlich ganz einfach: Lebe Gottes Berufung auf die gleiche Art, wie du gerettet wurdest: durch den Glauben.

Was bedeutet »Glauben«?

Wie gesagt: Gottes Ruf, heilig zu sein, ist für den natürlichen Menschen eine unüberwindbare Hürde. Ohne Gottes Wirken können wir unmöglich seine Berufung leben.

Selbst wir Christen erleben Momente, wo Gottes Berufung uns überfordert. Die Kosten der Nachfolge erscheinen uns manchmal riesig. Wir sind alle in der Gefahr, in diesen Momenten träge oder unwillig zu werden. Und wir alle versagen oft darin (Jakobus 3,2). Genau deshalb brauchen wir Gottes Gnade, und zwar tagtäglich. Schließlich hat Jesus genau dafür gelebt und ist am Kreuz gestorben, damit ich mit meinem Versagen zu Gott kommen kann!

Bei all unserer Mangelhaftigkeit wirkt Gottes Kraft durch den Glauben im Leben seiner Kinder. Offensichtlich ermöglicht Gott es seinen Kindern, in diesen Momenten der Überforderung, Berufung dennoch zu leben. *Was ist es also*, das uns fähig und willig macht, die hohen Kosten unserer Berufung zu tragen?

Stell dir einmal vor, jemand hätte dir eine große Länderei irgendwo am Meer vererbt. Die Länderei gehört jetzt dir, inklusive der Villa, etlichen Parks, Luxuslimousinen, einer Yacht und einigen gut laufenden Firmen in der Nähe. Auf einen Schlag zum Milliardär, von gestern auf heute! Was würdest du tun?

Ich weiß jedenfalls, was *ich* tun würde. Ich würde alles stehen und liegen lassen, einen Flug buchen und mir mein Erbe aus der

Berufung aus Glauben leben

Nähe ansehen. Dabei fiele es mir leicht, meinen bisherigen Mietvertrag zu kündigen. Der gerade neu gekaufte Flachbildschirm in der alten Wohnung würde wohl auch seinen Reiz verlieren. Wenn wir unvergleichliche Schätze finden, nehmen wir alle möglichen Kosten und Aufwände auf uns, um den entdeckten Reichtum in Besitz zu nehmen. Und genauso verhält es sich mit dem Glauben.

Jesus erzählte einmal folgendes Gleichnis:

»Mit dem Reich, in dem der Himmel regiert, verhält es sich wie mit einem im Acker vergrabenen Schatz, der von einem Mann entdeckt wird. Voller Freude versteckt er ihn wieder. Dann geht er los, verkauft alles, was er hat, und kauft jenen Acker. Mit diesem Reich ist es auch wie mit einem Kaufmann, der schöne Perlen sucht. Als er eine besonders wertvolle entdeckt, geht er los, verkauft alles, was er hat, und kauft sie.« (Matthäus 13,44-45; NeÜ).

Die Geschichten von Jesus sind verblüffend deutlich. Wir können diesen Menschen verstehen. Wir würden genauso handeln. Jeder weiß: Wer einen wertvollen Fund macht, wird durch die Freude darüber befähigt (»voller Freude«, V. 44), auf alles andere zu verzichten (»Dann geht er los, verkauft alles, was er hat ...«).

Vergleichen wir einmal den Schatz in diesem Gleichnis und die besonders wertvolle Perle mit Christus.[105] Wer Jesus Christus als einen solchen besonders wertvollen Schatz kennen lernt, ihn

---

[105] Dieser Sinn ist meiner Ansicht nach der natürlichste, wenn man das Gleichnis im unmittelbaren Kontext sowie im Zusammenhang des NT betrachtet. Im unmittelbaren Kontext (direkt vor und nach unserem Gleichnis) geht es um Kontraste zwischen den Gesetzlosen (das Unkraut, die faulen Fische) und den Gerechten (der gute Samen, die guten Fische). Unmittelbar nach den Gleichnissen (Matthäus 13,1-52) wird Jesus von seinen eigenen Landsleuten nicht anerkannt. Stattdessen ärgerten sie sich an ihm und glauben nicht (Matthäus 13,53-57). Die Frage stellt sich: Was ist denn der entscheidende Unterschied zwischen gerecht und gesetzlos, gläubig und ungläubig? Der Unterschied wird in unserem Gleichnis erklärt (Matthäus 13,44-45).

für sich »entdeckt« (V. 44) und von seinem Wert überzeugt ist, wird fähig, radikale Entscheidungen zu treffen: Er kann anderes als wertlos erkennen und hinter sich lassen. Paulus kannte dieses Denken sehr gut und beschreibt es im Philipperbrief:

> »Früher hielt ich diese Dinge für einen Gewinn, aber jetzt, wo ich Christus kenne, betrachte ich sie als Verlust. Ja wirklich, alles andere erscheint mir wertlos, wenn ich es mit dem unschätzbaren Gewinn vergleiche, Jesus Christus als meinen Herrn kennen zu dürfen. Durch ihn habe ich alles andere verloren und betrachte es auch als Dreck. Nur er besitzt Wert für mich.« (Philipper 3,7-8; NeÜ)

Paulus' Prioritäten und Herzensausrichtung waren seit seiner Wiedergeburt völlig anders als vorher. Er hatte einen Schatz entdeckt. Seine eindrückliche Lebenswende brachte ihn vermutlich dazu, viel über Bekehrung nachzudenken. Einmal beschreibt er unsere Bekehrung dadurch, dass Gott in unseren Herzen ein Licht aufleuchten ließ, das uns die »Herrlichkeit Gottes im Angesicht Jesu Christi« sichtbar machte (2. Korinther 4,4). Erst seit unserer Bekehrung sehen wir »die Herrlichkeit Gottes auf dem Angesicht Jesu Christi« (2. Korinther 4,6) – vorher waren wir blind dafür (V. 3-4). Erst wenn wir seine Herrlichkeit sehen, wird Jesus für uns so wertvoll wie ein Schatz, für den wir gerne auch die schwierigen Aspekte unserer Berufung hier auf Erden ertragen (V. 7).

Berufung kann uns überfordern. Die Kosten können sehr hoch sein. Aber wenn deine Beziehung mit Jesus dich glücklich macht, weil er dein reiches Erbe und dein Schatz ist, dann wird es dir leicht fallen, deine Berufung zu leben. Als Jesus über diese Berufung sprach, redete er von einem sanften Joch und einer leichten Last (Matthäus 11,30). Wer an Jesus glaubt, findet in der Berufung, die Jesus für ihn hat, »Ruhe für seine Seele« (V. 29).

Hier sind wir also beim Kern angelangt. Wirklich glauben bedeutet: Jesus als wertvollen Schatz für uns in Besitz zu nehmen. Johannes benutzt als Synonym für Glauben das Wort »aufnehmen« (Johannes 1,12). Wenn du an Jesus glaubst, ist es so, als hättest du ihn aufgenommen, ihn erfasst, diesen wertvollen Schatz für dich ergriffen.[106]

Wenn wir etwas ergreifen wollen, müssen wir andere Dinge fallen lassen. Wer sich zu Gott *hinwendet,* muss sich von den Götzen *wegwenden* (siehe 1. Thessalonicher 1,9). Wer sich zu Jesus bekehrt, muss der Sünde den Rücken zukehren. Deshalb erwähnt die Bibel Umkehr und Glauben in einem Atemzug (Markus 1,15); es sind zwei Seiten *einer* Münze.

»An Jesus glauben« bedeutet für Johannes, dass wir Christus erkennen und ihm gehorchen. Aber er meint offensichtlich noch mehr damit. Glauben bedeutet auch, dass wir über seine Herrlichkeit staunen (sinngemäß nach Johannes 1,14) und ihn so sehr in unserem Leben brauchen, wie wir Brot benötigen (6,35). Glauben sieht Jesus als denjenigen, der alles andere erst lebenswert macht und wie ein Licht erhellt (8,12) und als die Tür, die zu Rettung und Erfrischung führt (10,9.11). Wenn wir glauben, dann sind wir zuversichtlich, dass wir in Christus das ewige Leben haben können (11,25). Wenn wir glauben, werden wir gerne abhängig von Jesus, so wie eine Rebe ohne den Weinstock nicht lebensfähig wäre (15,6). Wenn wir an Jesus glauben, erkennen wir ihn als unseren König (18,37) und Gott (20,28) an und gehorchen ihm mit freudiger Ehrfurcht.[107]

Haben wir diesen lebendigen, das ganze Leben umfassenden, Jesus schätzenden Glauben? Wenn nicht, können wir zu Gott kommen, der allein diesen Glauben schenken kann.[108] Ohne ei-

---

106 Sowohl zum Thema Glaube und Nachfolge wie auch Glaube und Bekehrung empfehle ich den Autor John Piper. Für eine gründliche Auseinandersetzung mit praktischer Nachfolge und Glauben siehe: John Piper: *Future Grace.* Sisters, Or.: Multnomah Books 2005. Für eine Betrachtung biblischer Bekehrung als »Jesus als Schatz erkennen« siehe Piper: *Desiring God, Revised Edition.* S. 52-74 (deutscher Titel: *Sehnsucht nach Gott*).
107 So beschreibt z. B. der messianische Psalm 2 die geforderte Reaktion auf Jesus (V. 11).
108 Glaube als Gabe Gottes wird beschrieben in Philipper 1,29; Epheser 2,8; Römer 12,3. In 2. Korinther 4,3-7 wird beides betont: Glaube als Werk und Gabe Gottes, *und* dass glauben im Kern bedeutet, Jesus als herrlichen Schatz zu entdecken.

ne täglich neue Sehnsucht und Hinwendung zu Jesus werden wir Berufung im Alltag nicht leben können.

In Kapitel 1 (»Berufen, heilig zu sein«) sahen wir, dass heilig sein auch bedeutet, in einer Beziehung zu Gott zu leben und ihn als Person wertzuschätzen und sich an ihm zu erfreuen. Ich habe dort geschrieben, dass die Beziehung zu Gott die Kraftquelle für alle anderen Aspekte unserer Berufung sein muss. Echter Glaube wird also sehen, erkennen, sich daran erfreuen und darin jubeln, dass »Gott ... treu ist, durch den ihr berufen worden seid in die Gemeinschaft seines Sohnes Jesus Christus, unseres Herrn« (1. Korinther 1,9).

Wie könnte das konkret in deinem Alltag als Berufener bzw. Berufene Gottes aussehen? »Du musst einfach aus Glauben leben«, wird oft gesagt, aber was heißt das denn? Wie setze ich das im Einzelfall um? Wie kämpfe ich den guten Kampf des Glaubens? Wie lebe ich Berufung aus Glauben?

Gottes Versprechen glauben

An Gott zu glauben bedeutet, dass wir Jesus Christus als unseren »Schatz«, als Herrn und Heiland aufnehmen. Aber das beinhaltet noch zwei weitere Aspekte: Wenn wir Gott glauben, werden wir auch seinen *Warnungen* und seinen *Verheißungen* (Versprechen) glauben.

Es ist eine Sache, zu sagen, dass du an eine Person glaubst. Es ist aber eine ganz andere Sache, den konkreten Aussagen dieser Person zu glauben und danach zu handeln. Im alltäglichen Leben Gott zu glauben heißt, seine Warnungen ernst zu nehmen. Konkret Gott zu vertrauen heißt, alles auf seine Versprechen setzen.

In Kapitel 8 (»Berufung und das Evangelium«) habe ich – neben der guten Nachricht – schon auf die Warnungen Gottes aufmerksam gemacht. Gott *warnt* uns, was mit uns geschieht, wenn wir seine Berufung missachten. Echter Glaube muss auch Gottes Warnungen ernst nehmen.

Berufung aus Glauben leben

Wer dem Bergführer auf schwierigem Terrain vertraut, wird genaustens auf seine Warnungen achtgeben. So ist es auch, wenn wir an Jesus glauben: Wir werden seine Warnungen ernst nehmen und seinen Anweisungen genaustens folgen (ich denke hier z. B. an die Anweisungen, auf die ich im Abschnitt »*Kampf gegen Sünde bedeutet Leiden*« schon eingegangen bin).

Auf den letzten Seiten dieses Buches wollen wir uns nun aber auf den Glauben an Gottes Zusagen, Versprechen und Verheißungen konzentrieren.

Im Römer 8 verknüpft Paulus unsere Berufung mit dem Glauben an die Rechtfertigung, an den Himmel und an seine Güte zu uns. Für Gottes Berufene gelten Gottes Zusagen. Lies Römer 8,30-39 einmal aufmerksam durch. Beachte die Verbindung zwischen Gottes Berufung (V. 30) und seinen Verheißungen:

»… und die er berufen hat, diese hat er auch gerechtfertigt; die er aber gerechtfertigt hat, diese hat er auch verherrlicht …«

Allen Berufenen gilt das Versprechen, dass sie in Christus gerechtfertigt sind. Ihnen gilt aber auch, dass er sie verherrlicht hat, d. h. am Ende der Zeit zu sich in den Himmel holen wird. Und es bleibt nicht nur bei diesen zwei Verheißungen. Paulus macht in den nächsten Versen ein Versprechen nach dem anderen und fordert die Berufenen auf, sich an Gottes Zusagen festzuhalten (V. 31-39). Berufung ist für sie keine einfache Sache, denn sie sind zum Leiden berufen (V. 36). Aber sie sind in allen Schwierigkeiten »mehr als Überwinder« durch den, der sie geliebt hat (V. 37). Die himmlische Logik lautet: Gott hat sein Kostbarstes – seinen Sohn – für uns schon gegeben, dann wird er uns doch auch alles andere geben: Kraft, Gaben und Führung für unsere Aufgaben (V. 32). Gott wird uns nie zu etwas berufen, wozu er uns nicht auch befähigt. Genau deshalb können wir Berufung leben, wenn wir Gott uneingeschränkt vertrauen.

Im Kapitel 1 »Berufen, heilig zu sein«, habe ich versucht zu zeigen, dass »heilig sein« nicht *nur* bedeutet, dass wir gute Werke tun. Wir müssen vor allem anderen auf Gottes Verheißungen bauen und ihm vertrauen. Unser gerechtes Leben muss auf Gottes Versprechen gegründet sein. Ein heiliges Leben ist ein Glaubensleben. Gott ist der Rufende, aber er ist auch der, der es möglich macht, seinem Ruf zu folgen und seine Berufung zu leben. Das gilt für alle, die er auserwählt und befähigt.

Glaubenspredigt

Doch wie vertrauen wir auf Gott? Wie können wir im Glauben wachsen? Paulus stellte in seinem Brief an die Römer einmal eine ähnliche Frage:

> »Wie aber sollen sie an den glauben, von dem sie nicht gehört haben? Wie aber sollen sie hören ohne einen Prediger?« (Römer 10,14)

Drei Verse später beantwortete er seine eigene Frage: »Also ist der Glaube aus der Verkündigung, die Verkündigung aber durch das Wort Christi« (V. 17)
Glaube kommt also durch die Predigt, die Verkündigung von Gottes Wort. Wenn die Bibel treu gepredigt wird, entsteht und wächst Glaube. Dies zeigt, wie wichtig bibeltreue Gemeinden sind, wo Gottes Wort klar und verständlich gelehrt wird. Aber damit ist es noch nicht getan. Ich kann nicht ständig und ununterbrochen einem Prediger zuhören bzw. in der Gemeinde sitzen. Also muss ich lernen, *mir selbst* Gottes Wort zu predigen, wenn ich Berufung leben will. Mein Glaube an die Verlässlichkeit Gottes und mein Ausleben der Berufung wachsen, indem ich mich selbst an Gottes Zusagen erinnere. Ich muss dem Wort Gottes *zuhören*, und zwar im Alltag.
Der Glaube wächst *nicht*, wenn ich meinen eigenen Gemütszuständen oder Problemen zuhöre. Im Gegenteil: Ich muss sogar eigentlich *aufhören, auf mich selbst zu hören*. Wenn ich auf mich selbst höre, werde ich nie Gottes Berufung leben, sondern nur an meiner Selbstverwirklichung arbeiten. Stattdessen halte ich

mir selbst Predigten aus Gottes Wort. Ich verkündige mir selbst Gottes Versprechen und sage meiner Seele: »Was bist du so verwirrt, meine Seele, was stöhnst du in mir? Hoffe auf Gott! Denn ich werde ihn noch loben für die Rettung, die von ihm kommt, meinem Gott« (Psalm 42,11).

Ich brauche regelmäßig eine Predigt aus dem Wort Gottes. Die Predigt halte ich mir gegebenenfalls selbst, in meinen Gedanken. Dazu muss ich die Bibel kennen. Deswegen habe ich in Kapitel 3 und 6 schon betont, wie wichtig intensives Bibelstudium ist. Wir müssen Gottes Wort kennen, wenn wir uns selbst seine Verheißungen predigen wollen. Nur dadurch werden wir im Alltag im Glauben feststehen und Gottes Berufung leben können.

Ich habe diese Predigt an mich selbst »Glaubenspredigt« genannt und werde sie mit euch teilen. Diese Predigt muss zugeschnitten sein auf *die eigene* individuelle Situation, und sie muss letztlich aus *der persönlichen* Beziehung zu Gott entstehen, aber *im Wesentlichen* brauchst du die gleiche Predigt wie ich. Die Predigt findet in unseren Gedanken statt. Man kann sie auch »Glaubenskampf« oder »geistlicher Krieg« nennen, man kann es auch damit beschreiben, dass wir »jeden Gedanken gefangen nehmen unter den Gehorsam Christi« (2. Korinther 10,5) oder »das Schwert des Geistes, Gottes Wort, ergreifen« (Epheser 6,17).

Zum Schluss dieses Buches will ich meine *Glaubenspredigt* mit dir teilen, damit sie deine eigene werden kann. Wenn deine Berufung dich überfordert, dann sei nicht entmutigt. Predige Gottes Wort zu deinem eigenen Herzen. Füge bei ».........« jeweils deinen eigenen Namen ein:

Meine »Glaubenspredigt« für das Leben von Gottes Berufung

.........., du bist gerettet und geliebt von der stärksten Person im Universum. Aber dein Leben als Christ ist kein warmes Kuschelbett. Du bist berufen, von Gott – in seinen Dienst. Dein eigener Wille, dein altes Denken (wo Gott dir nicht alles war, und es nur um deine Selbstverwirklichung ging), muss ignoriert werden. Es muss durch Gottes Willen ersetzt werden.

Folge nicht deinem Herzen, sondern gehorche Gottes Befehlen. Bald schon wirst du dafür eine Ehrenkrone bekommen und in ewigem Glück dich freuen, weil du endlich Jesus völlig und für immer genießen wirst!

..........,
Musst du mutige Schritte gehen?
Gott steht mit seiner Kraft hinter dir. Er wird jeden Goliat vor dir fällen (1. Samuel 17; Psalm 18; Römer 8,31).

Musst du für Jesus leiden?
Selbst das Leid wird dir »zum Guten mitwirken«, weil er dich »nach seinem freien Entschluss berufen hat« (Römer 8,28).

Sollst du heilig leben und dich deiner sündigen Begierden enthalten?
Gott verspricht dir Glück in der Heiligkeit, Freude in der Frömmigkeit, inneren Frieden im Krieg gegen deine Sünde (Matthäus 5,8; Philipper 4,4-9).

Sollst du das Evangelium verkündigen?
Schäme dich nicht dafür, denn das Evangelium ist die Kraft Gottes, welche Menschen aus allen Völkergruppen rettet. Jeder deiner Zuhörer, der zum ewigen Leben verordnet ist, wird das Wort Gottes hören, Jesus mit Freude annehmen und zum Glauben kommen (Römer 1,16; Apostelgeschichte 13,48).

Sollst du deine eigenen Wünsche für das geistliche Wohl deiner Ehe und deiner Familie aufgeben?
Gott wird dich in deiner Beziehung zu deiner Familie segnen und sagt ausdrücklich, dass er deine Gebete erhört (1. Petrus 3,1-7).

Sollst du für Gott in einen womöglich schwierigen Dienst eintreten?
Dafür verspricht dir Gottes Wort: Du wirst von Jesus einen »unverwelklichen Siegeskranz der Herrlichkeit« empfangen (1. Petrus 5,4).

Berufung aus Glauben leben

Sollst du auf finanzielle Sicherheit verzichten?
Womöglich, aber dann nur, weil du erkennst, dass sie in Wirklichkeit keine Sicherheit ist und von »Motten und Rost« gefressen wird. Jesu Versprechen, dass wir uns im Himmel ewigen Reichtum sammeln können, ist zuverlässiger als sämtliche Versprechen der Geldanlagefirmen (Matthäus 6,19-20).

Sollst du lernen, deinen Stolz abzulegen und dich anderen unterzuordnen?
Dann hast du Gottes Verheißung, dass er dich erhöhen wird, wenn die richtige Zeit gekommen ist (1. Petrus 5,5-6).

Sollst du aus Glauben leben, Gott vertrauen und alle Sorge auf ihn werfen?
Dann hast du Gottes persönliche Garantie, dass er um dich besorgt ist (1. Petrus 5,7).

Hast du Angst, gute Dinge zu verpassen, wenn du Jesus dein ganzes Leben anvertraust – wenn du Gottes Willen und nicht mehr deinen Willen regieren lässt?
Dann versichert dir Gottes Wort: »Gott, der HERR, wird kein Gutes vorenthalten denen, die in Lauterkeit wandeln« (Psalm 84,12).

Hast du Zweifel, ob du Gott genügst? Plagt dich deine eigene Unfähigkeit und Sünde?
Dann versichert dir Gottes Wort: Jesus, »der Sünde nicht kannte, hat er für uns zur Sünde gemacht, damit wir Gottes Gerechtigkeit würden in ihm« (2. Korinther 5,21). Und:

> »Er hat uns nicht getan nach unseren Vergehen,
> nach unseren Sünden uns nicht vergolten.
> Denn so hoch der Himmel über der Erde ist,
> so übermächtig ist seine Gnade
> über denen, die ihn fürchten.
> So fern der Osten ist vom Westen,
> hat er von uns entfernt unsere Vergehen.

Wie sich ein Vater über Kinder erbarmt,
so erbarmt sich der HERR über die, die ihn fürchten.«
(Psalm 103,10-12)

Möchtest du Gottes Willen leben, ihm von ganzem Herzen dienen und wahre, biblische Berufung leben?
Dann garantiert dir Gottes Wort: »Treu ist, der euch beruft; er wird es auch tun« (1. Thessalonicher 5,24).

Also: Steh auf, sei stark durch die Gnade Gottes; lebe Gottes Berufung!

Anhang: Tiefer eintauchen – Berufung und Erwählung

»Die er aber vorherbestimmt hat, diese hat er auch berufen.« (Römer 8,30a)

»Gott hat euch von Anfang an erwählt zur Rettung [...], wozu er euch auch berufen hat durch unser Evangelium.« (2. Thessalonicher 2,13-14)

»Diese werden mit dem Lamm Krieg führen, und das Lamm wird sie überwinden; denn es ist Herr der Herren und König der Könige, und die mit ihm sind, sind Berufene und Auserwählte und Treue.« (Offenbarung 17,14)

»Darum, Brüder, befleißigt euch umso mehr, eure Berufung und Erwählung festzumachen!« (2. Petrus 1,10)

Hier wollen wir uns näher mit einem finalen Aspekt unserer Berufung beschäftigen: dem Zusammenhang zwischen unserer Berufung und unserer Erwählung. Da dieses Kapitel mehr in die Tiefe geht und sich länger und intensiver mit teilweise längeren Bibeltexten beschäftigt, ist es als Anhang konzipiert. Das soll aber nicht heißen, dass der Aspekt Erwählung unbedeutender wäre. Schon allein die Tatsache, dass die Bibel so viel Gewicht auf das Thema legt – wie wir in vielen Bibelstellen sehen werden –, spricht für die Wichtigkeit des Zusammenhangs zwischen Berufung und Erwählung. Gottes Auserwählung bildet mitunter eine Grundlage für viele praktische Aspekte unserer Berufung zu einem heiligen Leben.

Einen Hinweis will ich dir allerdings noch geben, bevor du dich in diesen Anhang vertiefst. Nimm dir bitte vorher Zeit, über die vorherigen zwei Kapitel nachzudenken. Gerade Kapitel 8 und 9 sind dafür geschrieben, dass du über dein eigenes Leben ins Nachdenken kommst. Bist du wirklich einer dieser Menschen, die von Gottes Evangelium umgeworfen und neu aufgebaut wurden? Bekenne ihm, wenn du eine Ersatzberufung lebst und werde ehrlich. Bitte ihn, dass er dich *wirklich* verändert, dir ein neues Herz schenkt, das gerne heilig für ihn lebt. Beschäftige dich mit dem Evangelium. Nimm dir Zeit, darüber nachzudenken.

Trotzdem würde ich dich dann ermutigen, in die Tiefen der biblischen Tragweite unserer Berufung einzutauchen – und mit mir zu staunen. Berufung ist ein Teil des Evangeliums. Erwählung ist Teil des Evangeliums. Wir brauchen Kraft – ja, Gottes Kraft, um Berufung zu leben. Dieser Anhang soll dazu dienen, uns in Gottes Berufung zu stärken.

Gottes allgemeiner Ruf und seine persönliche Berufung

Die Bibel zeichnet in der Tat ein komplexes Bild von Berufung. Das Wort »berufen« (bzw. »rufen«) bedeutet z. B. nicht immer exakt das Gleiche und muss, je nach Zusammenhang, sorgfältig mit Inhalt gefüllt werden. Gott beruft mal Könige für bestimmte Aufgaben, mal Nationen zum Gericht, mal einen Abraham zur Rettung und zum Segen für die Nationen, mal einen Paulus zur Rettung und zum Aposteldienst, mal seinen eingeborenen Sohn zu einem Leben, in welchem Gott sich der Welt als gerechter und gnädiger Gott offenbart.

Wir wollen uns hier auf zwei Arten konzentrieren, wie das Neue Testament das griechische Wort *klétos* (gerufen, eingeladen, dahinbestellt) gebraucht:

Tiefer eintauchen – Berufung und Erwählung

1. Gottes »Rufen« ist manchmal ein *allgemeiner Ruf* Gottes an die Menschheit (z. B. in Matthäus 22,14).
2. Oft ist aber im Gegensatz dazu eine ganz *persönliche Berufung* des Christen gemeint, der von Gott zur Rettung und zum Dienst berufen wird.

Wie Paulus das Wort »Berufung« benutzt

Paulus und auch Petrus benutzen das Wort *berufen* sogar ausschließlich im zweiten Sinne.[109] Das wird an ca. 43 Stellen im Neuen Testament deutlich. Wir setzen uns also hier zuerst mit dieser persönlichen Berufung auseinander, indem wir zwei Bibelstellen von Paulus ausführlicher betrachten; eine aus dem ersten Korintherbrief, die zweite aus dem Römerbrief.

Im 1. Korintherbrief

Ich schlage vor, dass du zuerst den großen, übergeordneten Abschnitt 1. Korinther 1,18 – 2,16 aufmerksam liest. Es könnte hilfreich sein, wenn du zuerst für dich entdeckst, *wie genau* Paulus das Wort »Berufung« hier benutzt und erst danach diesen Anhang weiterliest.

Da wir uns vor allem mit den Versen 1,17-31 beschäftigen wollen, gebe ich diesen Abschnitt hier vollständig wieder:

»Denn Christus hat mich nicht ausgesandt zu taufen, sondern das Evangelium zu verkündigen: nicht in Redeweisheit, damit nicht das Kreuz Christi zunichte gemacht werde. Denn das Wort vom Kreuz ist denen, die verloren gehen, Torheit;

---

[109] Wenngleich das NT auch innerhalb dieser Grundbedeutung von »berufen« verschiedene Bedeutungsnuancen kennt. Siehe S. Motyer: »Call, Calling« in Elwell, Walter A.: *Evangelical Dictionary of Biblical Theology*. Grand Rapids, Mi.: Baker Books 1996. Für eine nützliche Auseinandersetzung mit biblischen Begrifflichkeiten und dem Wortgebrauch siehe: Carson: *Stolpersteine der Schriftauslegung*, insb. S. 60ff.

uns aber, die wir gerettet werden, ist es Gottes Kraft. Denn es steht geschrieben: ›Ich werde die Weisheit der Weisen vernichten, und den Verstand der Verständigen werde ich verwerfen.‹ Wo ist ein Weiser? Wo ein Schriftgelehrter? Wo ein Wortstreiter dieses Zeitalters? Hat nicht Gott die Weisheit der Welt zur Torheit gemacht? Denn weil in der Weisheit Gottes die Welt durch die Weisheit Gott nicht erkannte, hat es Gott wohlgefallen, durch die Torheit der Predigt die Glaubenden zu retten.

Und weil denn Juden Zeichen fordern und Griechen Weisheit suchen, predigen wir Christus als gekreuzigt, den Juden ein Ärgernis und den Nationen eine Torheit; *den Berufenen selbst* aber, Juden wie Griechen, Christus, Gottes Kraft und Gottes Weisheit.

Denn das Törichte Gottes ist weiser als die Menschen und das Schwache Gottes ist stärker als die Menschen.

Denn *seht, eure Berufung, Brüder,* dass es nicht viele Weise nach dem Fleisch, nicht viele Mächtige, nicht viele Edle sind; sondern das Törichte der Welt hat Gott auserwählt, damit er die Weisen zuschanden mache; und das Schwache der Welt hat Gott auserwählt, damit er das Starke zuschanden mache. Und das Unedle der Welt und das Verachtete hat Gott auserwählt, das, was nicht ist, damit er das, was ist, zunichte mache, dass sich vor Gott kein Fleisch rühme.« (1. Korinther 1,17-29)

Ab Vers 18 beschreibt Paulus, wie er das Evangelium (die »Botschaft vom Kreuz«) predigt. Das Evangelium wird allen Menschen verkündigt. Da gibt es keinen Unterschied zwischen Juden und Griechen (V. 22); die Botschaft ertönt in alle Welt (V. 21).

Das Evangelium wird allerdings von vielen abgelehnt. Paulus beschreibt das in Versen 22-23:

»Und weil denn Juden Zeichen fordern und Griechen Weisheit suchen, predigen wir Christus als gekreuzigt, den Juden ein Ärgernis und den Nationen eine Torheit« (V. 22-23)

Tiefer eintauchen – Berufung und Erwählung

Für die meisten Juden war Jesus ein Ärgernis; für die meisten Griechen eine Dummheit. Den Grund dafür beschreibt Paulus in Kapitel zwei:

»Ein natürlicher Mensch kann nicht erfassen, was vom Geist Gottes kommt. Er hält es für Unsinn und kann nichts damit anfangen, weil es eben durch den Geist beurteilt werden muss.« (1. Korinther 2,14)

Paulus macht also in den Versen 22-24 deutlich, dass *kein natürlicher Mensch* (weder Jude noch Grieche) Gottes Evangelium folgen wird. Keiner wird Gottes Ruf gehorchen (V. 23; vgl. 2,14)! Alle Menschen halten es für »Unsinn« oder ›Torheit«! Aber hier stoßen wir doch auf eine Schwierigkeit: Man könnte zu Paulus sagen: »Paulus, wenn deine Botschaft für Juden und Griechen nicht verständlich ist – warum verschwendest du deine Zeit? Warum predigst du überhaupt sowohl zu Juden als auch zu Griechen? Ist es nicht ein hoffnungsloses Unterfangen? Wie können Menschen gerettet werden durch eine Botschaft, die nicht geglaubt wird?«[110]

Paulus erklärt, dass es *doch* möglich ist. Es geschieht dadurch, dass Gott Menschen *persönlich beruft*:

»Und weil denn Juden Zeichen fordern und Griechen Weisheit suchen, predigen wir Christus als gekreuzigt, den Juden ein Ärgernis und den Nationen eine Torheit; *den Berufenen selbst aber,* Juden wie Griechen, Christus, Gottes Kraft und Gottes Weisheit.« (V. 22-24)

Paulus stellt also zwei Dinge einander gegenüber: Die Tatsache, dass niemand (weder Juden noch Heiden) »Christus als gekreuzigt« annehmen wird – weil ein gekreuzigter Retter ihnen entwe-

---

110 Siehe Jesaja 53,1. Siehe auch Römer 3,10-11. Der Mensch in seiner Sünde kann das Evangelium nicht erfassen und er will Gottes Botschaft auch nicht verstehen.

der ärgerlich, oder dumm erscheint, siehe V. 22-23. Im Gegensatz dazu – man beachte das »aber« – gibt es eine Gruppe von »Berufenen« aus Juden und Heiden, die im Evangelium die Kraft und Weisheit Gottes erkennen und gerettet werden (V. 24; für den Bezug zur Rettung siehe V. 21).

Nicht alle, die das Evangelium hören, sehen darin »Gottes Kraft und Gottes Weisheit«. *Nicht alle* nehmen das Evangelium an, sondern eben nur die *Berufenen* (V. 24).

Evangelisieren wäre also tatsächlich ein hoffnungsloses Unterfangen. Es ist unmöglich, dass du und ich gerettet werden, es sei denn, Gott gibt uns die *Fähigkeit, auf sein Evangelium zu antworten*.[III] Wir würden alle verloren gehen, es sei denn, wir werden von Gott *persönlich berufen*. Nur deshalb können Menschen erkennen, dass die Botschaft vom gekreuzigten Christus tatsächlich »Gottes Kraft« ist. Nur die, denen Gott Augen und Herz öffnet, folgen seinem Ruf (vgl. 2. Korinther 4,6).

Hier kommt natürlich die fundamentale Frage auf: An wem liegt es denn, dass jemand gerettet wird? Am Menschen, der das Evangelium versteht und Jesus nachfolgt, oder an Gott, der Menschen beruft? Von wem ist meine Rettung *letztlich* abhängig? Liegt es an mir und meiner Entscheidungskraft, oder an Gott und seiner Entscheidung? Diese Frage wird in vielen Stellen der Schrift behandelt (siehe Johannes 1,13; Johannes 6; Johannes 10; Römer 9,16). Aber der vorliegende Abschnitt in 1. Korinther 1 beantwortet sie auch.

Woran liegt es, dass diese Menschen Gottes Berufung leben und an das Evangelium glauben? Wie beschreibt Paulus etwas später in Vers 28 die Berufenen?

»Denn seht, eure Berufung, Brüder, dass es nicht viele Weise nach dem Fleisch, nicht viele Mächtige, nicht viele Edle sind; sondern das Törichte der Welt hat Gott auserwählt, damit er die Weisen zuschanden mache« (1. Korinther 1,26-27)

[III] Vergleiche auch mit Johannes 6,37.44; Johannes 10,26-29.

Tiefer eintauchen – Berufung und Erwählung

In den Versen 27 bis 29 werden die Berufenen (V. 26) dreimal als »von Gott auserwählt« bezeichnet. Wir sehen hier also deutlich: *Individuelle, persönliche Berufung gilt für die Menschen, die Gott auserwählt hat.*[112] Sie sind nicht *letztlich* durch ihre Entscheidung gerettet, sondern letztlich durch »Gottes Willen« (siehe V. 1-2).

Die Frage scheint also von Paulus beantwortet zu sein: An wem liegt es denn, dass jemand gerettet wird? Am Menschen, der das Evangelium versteht und Jesus nachfolgt, oder an Gott, der Menschen beruft? Paulus antwortet mit großer Klarheit, dass es letztlich an Gott liegt, der beruft. Abschließend sagt er:

»Aus Gott aber kommt es, dass ihr in Christus Jesus seid (nicht *letztlich* aus euch!), der uns geworden ist Weisheit von Gott und Gerechtigkeit und Heiligkeit und Erlösung« (V. 30, Hinzufügung in Klammern von mir).

Wenn wir den gesamten oben zitierten Abschnitt betrachten, sehen wir Folgendes: Ein Gegensatz zieht sich wie ein roter Faden durch den Text. Zwei Gruppen von Menschen werden einander gegenübergesetzt (siehe Tabelle auf der nächsten Seite).

Gerettete werden also folgendermaßen beschrieben: Das Evangelium ist für sie *Gottes Kraft* (V. 18). Aber warum ist das so? Weil sie auf die Predigt mit *Glauben* antworten (V. 21). Sie glauben, dass Gott sich in der Kreuzigung als mächtig und weise gezeigt hat (V. 24 – und sie ziehen somit den Schluss, dass diese Macht auch ausreichen muss, sie von ihren Sünden zu retten). Sie *reagieren* also auf das Evangelium mit Glauben und Umkehr; folgen also offensichtlich einem Ruf, dem sie hören (sie sind *Berufene*, siehe V. 24 und 26). Die anderen, die nicht mit Glauben antworten sind nicht berufen (siehe den Kontrast zwischen Versen 23 und 24).[113]

---

[112] Dies ist im Prinzip die gleiche Aussage, die wir später noch im Römerbrief sehen werden: »Die er aber vorherbestimmt hat, diese hat er auch berufen« (Römer 8,30a).

[113] Der Schluss folgt aus der Tatsache, dass Paulus in diesem Abschnitt (und – wie ich meine – in seinen restlichen Briefen) nur diese zwei Kategorien von Menschen nennt: Die Berufenen und die Ungläubigen.

Alle, die das Evangelium hören, aber es weder verstehen, noch glauben oder umkehren	Alle, die das Evangelium hören, und mit Glauben und Umkehr antworten (sich bekehren)
»Denn das Wort vom Kreuz ist denen, die verloren gehen, Torheit« (V. 18)	»uns aber, die wir gerettet werden, ist es Gottes Kraft.« (V. 18)
»Denn weil in der Weisheit Gottes die Welt durch die Weisheit Gott nicht erkannte« (V. 21)	»hat es Gott wohlgefallen, durch die Torheit der Predigt die Glaubenden zu retten.« (V. 21)
»Christus als gekreuzigt, den Juden ein Ärgernis und den Nationen eine Torheit;« (V. 23)	»den Berufenen selbst aber, Juden wie Griechen, Christus, Gottes Kraft und Gottes Weisheit.« (V. 24)
	»eure Berufung, Brüder« (V. 26)
Diese werden in ihrer menschlichen »Weisheit« und »Stärke« zuschanden gemacht (V. 27-28).	»nicht viele Weise nach dem Fleisch, nicht viele Mächtige, nicht viele Edle sind; sondern das Törichte, Schwache, Unedle der Welt hat Gott auserwählt« (V. 26-28)
	»Aus [Gott] aber kommt es, dass ihr in Christus Jesus seid, der uns geworden ist Weisheit von Gott und Gerechtigkeit und Heiligkeit und Erlösung« (V. 30)

Paulus erklärt dann, dass die Berufung der Gläubigen letztlich an *Gottes* Entscheidung liegt (an seiner Auserwählung, V. 26-28) und nicht an *ihrer* Klugheit, weiser Entscheidung oder ähnlichen Dingen. Die Schlussfolgerung lautet also, dass die Gläubigen (V. 21) *wegen Gott und seiner Berufung* glauben und gerettet werden: »Aus Gott kommt es, dass ihr in Christus Jesus seid« (V. 30)

Wir sehen hier also tatsächlich: Neben Gottes *allgemeinem* Ruf, der Verkündigung des Evangeliums an die Menschheit, gibt es eine *ganz persönliche, rettende Berufung* seiner Erwählten.[114] Wenn Gott jemanden in diesem persönlichen Sinne beruft, *rettet* er diesen Menschen! Für Paulus sind die Berufenen auch gleichzeitig Gerettete und Erwählte. Gott hat sie zur Rettung auserwählt und berufen.

Im Römerbrief

In diesem persönlichen Sinne benutzt Paulus das Wort »berufen« auch im Römerbrief. In Römer 8 beschreibt Paulus die Gläubigen als »vorherbestimmt« und deshalb »berufen« (V. 30). Direkt im folgenden Kapitel (Römer 9,11-12) verknüpft er »Gottes Vorsatz der Erwählung« mit der Berufung Jakobs:

»Ehe die Kinder geboren waren und weder Gutes noch Böses getan hatten, da wurde, auf dass Gottes *Vorsatz der Erwählung* bestehen bliebe – nicht aus Werken, sondern *durch den [Gott], der beruft* –, zu ihr gesagt: »Der Ältere wird dem Jüngeren dienen«« (Römer 9,11-12) [115]

---

114 Vgl. oben den Abschnitt »Gott ist souverän«. Dort unterschied ich zwischen zwei Willen Gottes: seinem moralischen Willen und seinem souveränen Willen. Gottes allgemeiner Ruf und seine persönliche Berufung sind Beispiele dieser zwei verschiedenen Arten, wie Gottes *Wille* in der Bibel beschrieben wird. Sein allgemeiner Ruf ist einfach Gottes Mitteilen seines moralischen Willens. Er fordert Menschen auf, umzukehren, an seinen Sohn zu glauben und ein heiliges Leben als Söhne und Töchter Gottes zu leben. Dies ist Gottes Wille für alle Menschen (siehe 1. Timotheus 2,4 / 1. Thessalonicher 4,3). Anderseits beruft er, wie wir auf den folgenden Seiten sehen werden, die Erwählten souverän zur Rettung und Nachfolge. Seine persönliche Berufung zur Rettung entspricht seinem moralischen Willen, entspringt aber auch seinem souveränen Willen.

115 Manche argumentieren, dass es in Römer 9 um Gottes Pläne mit der Nation Israel geht, während Römer 8 unsere persönliche Errettung behandelt. Aber in

Paulus spielt auf eine alttestamentliche Berufung an; die Berufung des jüngeren Sohnes Isaaks. Sie lautete: »Der Ältere (Esau) wird dem Jüngeren (Jakob) dienen«. Nicht der ältere Bruder Esau, sondern Jakob wurde dazu berufen, die Segenslinie weiterzuführen. Paulus' Punkt ist folgender: Werke und Gottes Berufung schließen sich aus. Wenn Gott Jakob *erst nach seiner Geburt* berufen hätte, dann wäre es nicht so offensichtlich gewesen, dass es nicht an Jakob und dessen guten Werken lag, sondern an Gott und seinem »Vorsatz der Erwählung«.

Paulus verallgemeinert dann: »So liegt es nun nicht an jemandes Wollen oder Laufen, sondern an Gottes Erbarmen« (V. 16). Wenn es *letztlich* an uns liegen würde (an unseren Entscheidungen, Taten oder unserer Abstammung), dann müsste Gott uns als *Reaktion* darauf berufen. Aber genau deshalb beruft Gott Jakob *vor* seiner Geburt. Er will zeigen, dass er nicht auf Jakobs Entscheidungen oder Werke reagieren muss, sondern ihn einfach so beruft.

Wenn es letztlich an uns liegen würde, dann läge es nicht mehr an dem, der beruft (V. 12) und an seinem *freien* Entschluss, wem er gnädig sein will (V. 15) – es läge nicht an Gottes Erbarmen (V. 16)! Deswegen erwählte Gott Jakob und überging Esau »ehe sie geboren waren und weder Gutes noch Böses getan hatten«, weil darin besonders deutlich wird, dass es auf Gottes Erwählung ankommt (V. 11-12).

In den Versen 11-12 sehen wir ein A-B-A-B Muster:

A	B
»Ehe die Kinder geboren waren und weder Gutes noch Böses getan hatten«	»auf dass Gottes Vorsatz der Erwählung bestehen bliebe«
»nicht aus Werken«	»sondern durch den, der beruft«

Kapitel 9 geht es um *individuelle* Menschen im Volk Gottes (und sogar einen Nichtjuden, nämlich den Pharao). Der Zusammenhang macht auch klar, dass Paulus immer noch über persönliche Errettung redet (siehe Römer 9,1-3.6).

Die Satzteile in der Spalte A entsprechen sich gegenseitig (»weder Gutes noch Böses getan« – »nicht aus Werken«). Das Gleiche gilt also auch in der B-Spalte (»Vorsatz der Erwählung« – »durch den, der beruft«).

Wir haben bereits gesehen: Paulus will deutlich machen, dass unsere Berufung (bzw. die ganze Errettung, siehe Römer 8,30 und Kontext) von Anfang bis zum Ende letztlich von Gott abhängig ist. Das Entscheidende ist, dass Gott beruft. Zusätzlich sehen wir hier in den Versen 11-12, dass Paulus die Wörter »Erwählung« und »Berufung« eng miteinander verknüpft (die beiden Satzteile in der B-Spalte), wie auch schon in Römer 8,30 und in 1. Korinther 1. Schließlich leben nur diejenigen Gottes Berufung, die auch von ihm erwählt sind. Paulus verknüpft nicht nur an dieser Stelle die Berufung und die Erwählung. Er tut es immer wieder. Zum Beispiel in 2. Thessalonicher: »Gott [hat] euch von Anfang an erwählt zur Rettung [...], wozu er euch auch berufen hat durch unser Evangelium« (2,13-14). Erwählung und Berufung gehen Hand in Hand. Beides geht von Gott aus. Beides liegt völlig an ihm. Beides ist pure Gnade.

Lukas, Petrus und Johannes

Für Paulus ist also Berufung *mehr* als eine kollektive Einladung, Buße zu tun und dem Evangelium zu glauben. Wer auf Gottes Ruf mit Glauben und einem heiligen Leben antwortet, tut das letztlich, weil er persönlich berufen[116] wurde. Dies geschieht, weil diese Menschen auch von Gott von Anfang an erwählt sind.

Auch Lukas sieht es so. Er beschreibt deshalb die Ausbreitung des Evangeliums in die Heidengebiete so: »Es glaubten, so viele zum ewigen Leben verordnet waren« (Apostelgeschichte 13,47).

Auch die Apostel Petrus und Johannes verknüpfen »Berufung« und »Erwählung« oder erwähnen sie im gleichen Atemzug

---

[116] Von einigen Theologen wird diese persönliche Berufung »wirksame Berufung« genannt. Siehe das Kapitel über Berufung in Grudem/Schirrmacher: *Biblische Dogmatik*.

(z. B. 2. Petrus 1,10; Offenbarung 17,14). Wir können diese Verknüpfung sogar bis ins Alte Testament zurückverfolgen![117]

Wenn also unsere Erwählung auch vor Grundlegung der Welt stattfand (Epheser 1,4), musste Gott dennoch seine Erwählten zu einem bestimmten Zeitpunkt berufen. Paulus erlebte diese Berufung auf sehr eindrückliche Weise. Jesus selbst begegnete diesem wutschnaubenden Christenmörder auf dem Weg nach Damaskus und berief ihn in seinen Dienst. Paulus berichtet über seine Errettung und Berufung in Apostelgeschichte 9, 22 und 26. Später beschreibt er, dass Gott ihn »von Mutter Leibe an *ausgewählt* und durch seine Gnade *berufen* hat« (Galater 1,15).

Viele Gläubige erleben diese Berufung nicht ganz so eindrücklich wie Paulus. Ich könnte zum Beispiel gar nicht genau sagen, *wann* Gott mich berufen oder errettet hat. Irgendwann glaubte ich einfach und mein Leben begann sich zu verändern. Gott hat irgendwann – durch das Lesen von guten, geistlichen Büchern – Glauben in mir geweckt. Mein altes Verhalten bereute ich nun immer mehr und wollte für Gott leben. Manche lesen ein Buch und erleben im Lesen und Verstehen des Evangeliums Gottes Ruf. Manche ringen sich erst nach Monaten oder sogar Jahren durch, sich völlig Jesus Christus und seiner Erlösung anzuvertrauen. Aber Fakt ist: Wir können Berufung nicht ausleben, wenn Gott uns nicht durch die Botschaft des Evangeliums beruft.

Gott erwählt, ohne dabei die Verantwortung des Menschen zu übergehen

Wir dürfen die eindeutige Lehre der Bibel nicht vernachlässigen, dass Gottes Retterliebe für *alle* Menschen brennt (Johannes 3,16)

---

[117] Das hebräische Wort *qara* kann sowohl »rufen« als auch »berufen« bedeuten. Insofern ist es spannend, Gottes alttestamentliches Rufen mit der neutestamentlichen Berufung zu vergleichen – soweit der jeweilige Kontext und Sinn es zulassen. Vergleiche z. B. Jesaja 43,1 und 48,12 (Gottes Rufen) mit Jesaja 44,1-2 (Gottes Erwählung bzw. sein Auswählen).

Tiefer eintauchen – Berufung und Erwählung

und er nicht möchte, dass *überhaupt jemand* verloren geht (2. Petrus 3,9). Auf S. 120 habe ich betont, dass jeder Mensch für seine eigene Entscheidung selbst verantwortlich ist. Ungläubige, die Gott nicht erwählt, rebellieren *willentlich* gegen Gott und sind keine Marionetten Gottes, die für ihr Los nichts könnten. Wenn ein Mensch verloren geht, geschieht dies durch seine *willentliche* Ablehnung eines Schöpfergottes, den er eigentlich hätte erkennen sollen (Römer 1,18-21).[118]

Dass Gottes Berufung letztlich aus ihm und durch die Kraft des Evangeliums geschieht, schließt unser Handeln und Entscheiden nicht aus. Der Theologe Wayne Grudem schreibt dazu sehr treffend:

»Wir können die wirksame Berufung wie folgt definieren: Die wirksame Berufung ist ein Handeln Gottes des Vaters, der durch die menschliche Verkündigung des Evangeliums spricht, in der er Menschen in einer solchen Weise zu sich selbst einlädt, dass sie mit dem rettenden Glauben antworten.

Es ist von großer Bedeutung, dass wir nicht den Eindruck vermitteln, dass Menschen durch die Kraft dieses Rufes *ohne* ihre persönliche, bewusste Antwort auf das Evangelium errettet würden. […] Obwohl es wahr ist, dass die wirksame Berufung eine Antwort in uns weckt und hervorruft, müssen wir immer darauf bestehen, dass diese Antwort eine freiwillige, bereitwillige Antwort sein muss, mit der die Einzelperson ihr Vertrauen auf den Herrn Jesus Christus setzt.«[119]

Gottes Berufung sowie auch sein Evangelium erfordern eine Antwort von uns. »Diese Antwort muss eine freiwillige, bereitwillige Antwort sein«, schreibt Grudem. Er sagt, dass das Evangelium

---

118 Für eine Erklärung, wie Gott einerseits will, dass jeder Mensch gerettet wird, aber anderseits nur einige auserwählt, siehe: John Piper: »Are There Two Wills in God?« Desiring God Webseite, https://www.desiringgod.org/articles/are-there-two-wills-in-god (Stand: 09.11.2019). Tipp: Mit Google Translate auf Deutsch übersetzen.
119 Grudem/Schirrmacher: *Biblische Dogmatik*, S. 764.

eine Antwort von unserer Seite braucht, nämlich das »Vertrauen auf den Herrn Jesus Christus«.

Menschen sind also verantwortlich, sich für das Richtige zu entscheiden und das Böse zu meiden. Deshalb ruft Gott den Menschen eindringlich auf:

> »Werft von euch alle eure Vergehen, mit denen ihr euch vergangen habt, und schafft euch ein neues Herz und einen neuen Geist! Ja, wozu wollt ihr sterben, Haus Israel? Denn ich habe kein Gefallen am Tod dessen, der sterben muss, spricht der Herr, HERR. So kehrt um, damit ihr lebt!« (Hesekiel 18,31-32)

Und wir müssen uns für Christus entscheiden: »*Kommt her zu mir*, alle ihr Mühseligen und Beladenen! Und ich werde euch Ruhe geben« (Matthäus 11,28).

Aber trotzdem ist es pure Gnade Gottes, dass wir Christus willentlich aufgenommen haben, wenn wir seine Kinder sind. Wir hätten – mit voller Verantwortung und absolut willentlich – Jesus abgelehnt, wenn Gott uns nicht zu ihm gezogen hätte.[120]

Wir können uns also nie *dafür rühmen*, dass wir die richtige Antwort auf das Evangelium gegeben haben (in dem wir mit liebendem Glauben antworteten, statt mit rein äußerlicher Zuwendung oder gar Verachtung). Es ist *alles* Gnade.

---

120 Hier möchte ich mich klar von Sichtweisen distanzieren, die die menschliche Verantwortung verneinen, sowie auch von menschlich orientierten Errettungssystemen »libertären« freien Willens, bzw. der Fähigkeit, sich selbst völlig frei zu entscheiden. Man frage z. B. einen Heroinsüchtigen, ob er sich in *jedem* Fall und in *jeder* Situation einfach gegen die Droge entscheiden kann. Aber freier Wille an sich (der Begriff muss sorgfältig definiert werden) steht nicht unbedingt im Widerspruch zum Determinismus oder zur biblischen Sicht, dass Gott letztlich alles bestimmt. Das zeigen kürzlich erschienene Arbeiten wie u. A. Michael McKenna, D. Justin Coates: »Compatibilism«. In: Edward N. Zalta (Hg.): *The Stanford Encyclopedia of Philosophy*. Winter 2018, Metaphysics Research Lab, Stanford University 2018. https://plato.stanford.edu/archives/win2018/entries/compatibilism/ (Stand: 18.11.2019).

Persönlich eingeladen

Denken wir einmal kurz zurück an das Beispiel des Hochzeitsfestes von Kapitel 1. Dort haben wir gesehen, dass Gott uns in die Gemeinschaft mit dem Bräutigam beruft. Wir haben dort vor allem betont, wie wir in eine Beziehung zu einem glücklichen Gott eingeladen sind. Nun, diese Einladung gilt *jedem* Menschen. Aber nachdem Jesus seinen Jüngern dieses große Fest schmackhaft macht, warnt er eindringlich vor einem falschen Glauben, der sie am Ende nicht rettet (Matthäus 22,11-13). Danach fügt er den erstaunlichen Satz an:

»Denn viele sind gerufen, aber nur wenige sind erwählt.« (Matthäus 22,14)

Jesus stellt Gottes Ruf zur Umkehr an alle Welt (»viele sind gerufen«) seinem persönlichen Erwählen (»nur wenige sind auserwählt«) gegenüber. Gott verteilt also sozusagen Einladungskarten für die Hochzeit seines Sohnes. Diese werden überall verteilt, an alle Menschen, die das Evangelium erreicht. Seine Hochzeitseinladungskarten sind unbegrenzt erhältlich, in allen möglichen Sprachen gedruckt und sie erreichen viele (»viele sind gerufen«, V. 14a).

Unter denen, die eingeladen werden, folgen einige der Einladung und sie setzen Gottes Berufung in ihrem Leben in die Tat um (das meint Jesus mit dem Hochzeitskleid[121]). Während

---

121 Das Hochzeitskleid steht hier für gute Werke (also Gottes Berufung, heilig zu leben). Das sehen wir daran, wie Johannes in der Offenbarung das Hochzeitsfest von Jesus Christus beschreibt:»Wir wollen uns freuen und jubeln und ihm die Ehre geben! Denn jetzt ist die Hochzeit des Lammes [d.i. Jesus] gekommen und seine Braut hat sich dafür schöngemacht. Strahlend weißes Leinen hatte Gott ihr dazu geschenkt. Denn die feine Leinwand steht für die gerechten Taten der Heiligen« (Offenbarung 19,7-8 NeÜ). Siehe dazu: Charles Haddon Spurgeon: *Was ist das hochzeitliche Kleid?* http://www.glaubensstimme.de/doku.php?id=autoren:s:spurgeon:w:spurgeon-was_ist_das_hochzeitliche_kleid (Stand: 07.11.2019).

die anderen diese geniale Einladung ignorieren, folgen diese dem Ruf Gottes und feiern mit. Das geschieht aber nicht zufällig oder wegen ihrer klugen Entscheidung. Diese Menschen stellen mit Erstaunen fest, dass sie namentlich und höchstpersönlich eingeladen sind. Sie finden ihren Tisch, wo ihr Namenskärtchen für alle sichtbar ist. Sie werden höchstpersönlich begrüßt, weil sie vom Bräutigam persönlich erwählt sind (»nur wenige sind erwählt«, V. 14b).

Was bedeutet das konkret? Es bedeutet, dass Gottes Hochzeitseinladung *persönlich und namentlich* jedem gilt, der mit Umkehr und Glauben auf Gottes Ruf antwortet. Sie antworten mit Umkehr und Glauben, weil sie auserwählt sind. Gott öffnet ihnen das Herz. Als Paulus das erste Mal die Stadt Philippi besuchte und die Purpurhändlerin Lydia die Botschaft des Evangeliums hörte, heißt es: »Und der Herr *tat ihr das Herz auf,* sodass sie aufmerksam achtgab auf das, was von Paulus geredet wurde« (Apostelgeschichte 16,14). Gott berief sie, rettete sie, indem er *in ihr* wirkte. Er klopfte nicht nur an ihr Herz, er öffnete es.

Gott musste unsere Rebellion überwinden, durch seinen Ruf. Gott selbst hat uns den Schatz, Jesus Christus, gezeigt. Wir müssen, wenn wir die Worte der Bibel ernst nehmen wollen, Gottes Berufung als etwas zutiefst Mächtiges, aber auch zutiefst Persönliches sehen. Schon bevor Gott die Welt schuf, erwählte er dich in unvorstellbarer Liebe – sofern du zu denen gehörst, die Gottes Einladung, heilig zu sein, gefolgt sind:

»… wie [Gott] uns in [Christus] auserwählt hat vor Grundlegung der Welt, dass wir heilig und tadellos vor ihm seien in Liebe, und uns vorherbestimmt hat zur Sohnschaft durch Jesus Christus für sich selbst nach dem Wohlgefallen seines Willens, zum Preise der Herrlichkeit seiner Gnade, mit der er uns begnadigt hat in dem Geliebten.« (Epheser 1,4-6)

»Wie viele ihn aber aufnahmen, denen gab er Macht, Gottes Kinder zu werden: denen, die an seinen Namen glauben, die nicht aus menschlichem Geblüt [o. Abstammung] noch aus dem Willen des Fleisches [religiöse Leistung] *noch aus dem*

Tiefer eintauchen – Berufung und Erwählung

Willen eines Mannes [menschliche Entscheidungskraft], *sondern aus Gott geboren sind.*« (Johannes 1,12-13)

Wenn wir diese Lehre annehmen, wird das gleichzeitig zwei Dinge in uns bewirken: Gottes persönliche Erwählung *ehrt uns*. Sie *demütigt uns* aber auch in den Staub.

Erwählung ehrt uns

Einerseits ist es eine besondere Ehre, vom edelsten, höchsten Wesen des Universums seit Anbeginn der Zeit persönlich erkannt und geliebt zu sein. Es ermutigt uns, dass Gott für uns ist und somit alles zu unserem Guten mitwirken muss. Es lehrt uns, zuversichtlich zu sein und uns nicht zu fürchten:

»Fürchte dich nicht, denn ich habe dich erlöst! Ich habe dich *bei deinem Namen gerufen*, du bist mein.« (Jesaja 43,1)

Wie David können wir eigentlich nur noch staunend vor Gottes Thron sitzen und sagen:

»Wer bin ich schon, Jahwe, mein Herr, [...] dass du mich bis hierher gebracht hast? Und das war dir noch zu wenig, mein Herr, Jahwe! Du hast sogar Zusagen gemacht, [...] und das für jemand wie mich, Herr, Jahwe? Was soll David da noch weiter sagen? Du kennst ja deinen Diener, Herr, Jahwe! Weil du es versprochen hattest und weil es dein Wille war, hast du all das Große getan, um es deinen Diener erkennen zu lassen. Darum bist du groß, Jahwe, mein Herr! Niemand ist dir gleich. Nach allem, was wir gehört haben, gibt es keinen Gott außer dir. Und welches Volk gleicht deinem Volk Israel? [...] Für alle Zeiten hast du dir Israel zu deinem Volk gemacht, und du selbst, Jahwe, bist sein Gott geworden.« (2. Samuel 7,18-24)
»Aber ihr seid ein ausgewähltes Geschlecht, eine königliche Priesterschaft, ein heiliges Volk, das Gott selbst gehört. Er hat

euch aus der Finsternis in sein wunderbares Licht gerufen, damit ihr verkündigt, wie unübertrefflich er ist.« (1. Petrus 2,9).

Was für Ehrentitel! Wir sind ein »auserwähltes Volk« eine »königliche Priesterschaft«!
Wer bin ich, dass Gott sich so viel Mühe um mich gemacht hat? Dass Gott mich eine Ewigkeit lang in seiner Nähe haben möchte?
Aber die Lehre der Erwählung fügt unserer Berufung nicht nur eine große Ehre hinzu. Erwählung macht auch etwas mit uns, das scheinbar im Widerspruch zu dieser besonderen Ehre steht:

Erwählung demütigt uns

»Gott, dem Abraham glaubte, der die Toten lebendig macht und das *Nichtseiende* ruft, wie wenn es da wäre.« (Römer 4,17)
»Das *Törichte, Schwache, Unedle, Verachtete* der Welt hat Gott auserwählt [...] dass sich vor Gott *kein Fleisch rühme.*« (1. Korinther 1,26-29)
»Denn aus Gnade seid ihr gerettet durch Glauben, und das nicht aus euch: Gottes Gabe ist es, nicht aus Werken, *damit sich nicht jemand rühme.*« (Epheser 2,8-9)

Erwählung lehrt uns, dass wir *nichts* zu unserer Errettung beigetragen haben. Der logische Schluss heißt: Kein Geretteter kann sich etwas auf seine Rettung einbilden.
Wir Menschen tendieren dazu, uns Lehrsysteme und Religionen auszudenken, wo der Mensch *doch wenigstens ein bisschen* zu seiner Rettung beitragen kann. Das Einzigartige am Christentum ist nicht die Lehre, dass Gott gnädig ist, sondern dass die Gnade Gottes *alles* tun muss und der Mensch nichts zu seiner Rettung beiträgt.
Vor einiger Zeit besuchte ich einen Kurs über Hinduismus an der Universität. Ich lernte, dass die meisten indischen Religionen

Tiefer eintauchen – Berufung und Erwählung

an einen gnädigen Gott glauben. Sie müssen zwar arbeiten (ihr »Karma« verdienen), aber sie opfern, meditieren, geben den Armen, um die *Gnade* ihrer Götter zu gewinnen. Ich war erstaunt, dass es Geschichten über die »Gnade« Krischnas gibt. Das ist nicht nur in den hinduistischen Religionen, sondern auch im Islam so. Mohammed lehrte auch, dass Allah gnädig und barmherzig sei.

Aber alle Religionen – ganz egal, mit welchen schönen Wörtern sie sich verkleiden – sagen im Prinzip Folgendes: »Gott ist zwar gnädig. Aber trotzdem muss der Mensch sich das Heil verdienen. Gott sieht, wenn ein Mensch sich anstrengt, und dann gibt er den Rest, der noch fehlt, dazu.«

Im Christentum ist es anders. Paulus sagt: »*Alle* haben gesündigt und erlangen nicht die Herrlichkeit Gottes« (Römer 3,23). »Da ist keiner, der verständig ist; da ist keiner, der Gott sucht.« (V. 11). Wir werden allein durch Gottes Gnade gerechtfertigt, und zwar, als wir noch in unserer Sünde waren (Römer 5,8) – als Rebellen, die Gott und seinem Rufen feindlich gesinnt waren (Kolosser 1,21). Da war gar nichts in uns, und Gott erwählte uns und berief uns zur Rettung.

Aber viele Christen wollen trotzdem etwas finden, was sie von anderen abhebt: »Ich habe ja schließlich *geglaubt*, den Kampf des Glaubens gekämpft, usw. Mein Nachbar hat das halt nicht gemacht. Ich war klug und nahm Jesus an, er nicht!« Aber das ist nicht das Evangelium. Es sind ja gerade *nicht* die Klugen, die Gott erwählt (siehe 1. Korinther 1,27)! Sowohl die *Gnade* als auch der *Glaube,* durch den uns die Gnade zugerechnet wird, sind Gottes Geschenke (Epheser 2,8-9; siehe auch Philipper 1,29a). [122]

---

[122] Man könnte hier argumentieren, dass in Epheser 2,8-9 vielleicht nur die Gnade als Gabe Gottes bezeichnet wird. Aber die Grammatik im Urtext legt nahe, dass die gesamte Fügung »aus Gnade [...] gerettet durch Glauben« als »Gottes Gabe« bezeichnet wird (sowohl die Gnade, als auch der Glaube). Sowohl *charis* (Gnade) als auch *pistis* (Glaube) sind Nomen im Feminin. Paulus benutzt anschließend das Wort *touto*, was neutral ist und sich daher weder auf *charis* noch auf *pistis*, sondern auf das gesamte Gefüge bezieht. Er sagt also: »und das (die Gnade und der Glaube) nicht aus euch: Gottes Gabe ist es«.

Stell dir vor, Gott fragt dich eines Tages in der Ewigkeit: »Mein Kind, warum bist du eigentlich hier, während so viele um dich herum nicht gerettet wurden?« Dann wird und muss die Antwort sein: »Herr, alleine wegen deiner Gnade, die mich mit Seilen der Liebe gezogen und mit dem Licht deiner Herrlichkeit überwältigt hat!« Niemand wird eigene Leistung herausstellen können. Rühmen wird ausgeschlossen sein.

Wir leben also willentlich Gottes Berufung, aber letztlich, weil er uns erwählt hat. Wir sind verantwortlich, aber durch unser sündiges Denken, Wollen und Tun völlig abhängig von einem Gott, der sich erbarmen muss.

Paul Washer, Leiter der Missionsgesellschaft HeartCry, sagte einmal, dass Christen die einzigen Menschen sind, die sich des Himmels sicher sein können, ohne arrogant zu sein. Wir können anfügen, dass wir sogar das Gegenteil von arrogant sein sollten. Wenn wir nämlich bezeugen, von Gott berufen zu sein, machen wir uns selbst zu »nichts«. Gott hat nämlich das »Nichtseiende gerufen, wie wenn es da wäre« (Römer 4,17) und:

»Er erwählte das, was in der Welt als niedrig und bedeutungslos gilt; das, was für sie nichts zählt« (1. Korinther 1,28; NeÜ).

Gott gebührt daher alle Ehre. Uns gebührt Demut, Dank, Anbetung und freudiger Gehorsam gegenüber Gott und seiner Berufung.

Gottes Souveränität in unserer Berufung demütigt uns, und Demütigung ist für uns stolze Menschen etwas Unangenehmes. Ich erinnere mich noch, wie ich das erste Mal mit dem biblischen Bild der Souveränität Gottes konfrontiert wurde. Ich wollte es nicht wahrhaben. Ich wollte ein selbstständiges Wesen bleiben und nicht völlig abhängig von Gottes Willen sein. Wenn ich mir diesen Gott vorstellte, dann kam ich mir vor wie eine Nussschale, die völlig machtlos und wehrlos auf riesigen Ozeanwellen umhergeworfen wird. Ich merkte, wie ich dann völlig Gott ausgeliefert sein würde – dem Gott, der »im Himmel ist und tut, was immer er will« (Psalm 115,3).

Tiefer eintauchen – Berufung und Erwählung

Henry W. Frost, der erste inländische kanadische Leiter der Missionsgesellschaft OMF, schrieb über die Souveränität Christi und wie wir auf sie reagieren:

»Die Souveränität Gottes ist keine angenehme Lehre für den natürlichen Menschen. In der Tat ist die Lehre für ihn abschreckend, da sie eine Situation schafft, die jenseits seines Verständnisses und seiner Kontrolle ist. Wenige von uns mögen den Gedanken, unser Leben völlig in die Hand eines anderen geben zu müssen, sogar wenn dieser andere Gott selbst ist. Wir möchten uns lieber das Recht reservieren, entscheiden zu dürfen, und möchten andere somit zu bloßen Ratgebern herabsetzen. [...] Dies wollen wir, sowohl bei Menschen als auch bei Gott selbst tun.«[123]

Hier müssen wir uns vor Gott prüfen lassen. Wie gehe ich mit der Lehre der Erwählung um? Verwerfe ich sie, weil ich meine Autonomie, meine Selbstbestimmung, behalten möchte? Sollte dieses Kapitel tatsächlich biblisch sein (wozu ich dich ermutigen möchte, das zu prüfen), dann muss es Auswirkungen haben auf unsere gelebte Berufung. Es müsste uns zu Menschen machen, die wirklich demütig sind; zu Menschen, die *nicht* nach Selbstverwirklichung streben, und die lernen, mit Gottesfurcht ihre festgesetzte Zeit auf der Erde zu verbringen und zur Ehre des Königs zu leben.

Leider habe ich schon von Menschen gehört, die zwar an die Erwählung glauben, aber – ohne die biblische Ausgewogenheit zu wahren – mit der Lehre um sich schlagen, als wäre sie ein Knüppel, mit dem man andere Christen bearbeiten müsse.

Solche Leute müssen wissen, dass auch Menschen von Gott berufen werden, die nie das biblische Ausmaß von Gottes Berufung erfassen werden oder anderer Meinung bleiben. Solche können zum Teil trotzdem demütiger leben als manche Geschwis-

---

123 Henry Frost: *Miraculous Healing: Why does God heal some and not others?* Christian Heritage 2008. S. 96.

ter, die sie mit der Erwählungslehre konfrontieren wollen. Hier müssen wir uns ebenso prüfen: Macht das Bewusstsein meiner Erwählung mich selbst auch offen für Kritik; offen für gute, biblische Argumente; macht sie mich milde und belehrbar? Wenn nicht, dann habe ich Erwählung noch nicht verstanden!

Manchmal sind Spannungen unvermeidbar. Wenn Menschen mit biblischer Lehre konfrontiert werden, wird das oft Widerstand in ihren Herzen hervorrufen. Somit wird Konfrontation mit der Wahrheit immer in gewissem Maße Streitpotenzial beinhalten. Aber wenn wir *aus Ehrsucht und Rechthaberei* in Gottes Gemeinde Streit verursachen – ganz egal, um welche Lehre es uns anscheinend geht – dann müssen wir wissen, dass Gott dies scharf verurteilt (siehe Sprüche 6,16.19; Jakobus 4,1).

Somit müssen wir uns alle prüfen, wie auch immer wir zu diesem Zeitpunkt Gottes Erwählung verstehen: »Ist das Wort Gottes auf solche Weise in meine Sicht der Realität vorgedrungen, dass es mich demütig und dienstbereit macht?«

Ich bete, dass dieses Buch niemanden arroganter macht als zuvor, sondern dass diese biblischen Wahrheiten unsere Herzen weise und demütig machen.

Erwählung gibt unserer Berufung Sicherheit

Erinnerst du dich an die Bibelarbeit über Sprüche 16 in Kapitel 7? Wir haben dort über Entscheidungen nachgedacht und gesehen, dass die Bibel lehrt: Wir sind absolut verantwortlich, unsere Zukunft zu planen, können aber auch absolut sicher sein, dass Gott unsere Zukunft in seiner Hand hält und zu unserem Guten führt.

Gottes Berufung geht einher mit seiner Erwählung, die vor der Schöpfung des Universums stattfand. Die Wahrheit der Erwählung garantiert unsere Sicherheit. Gott hat mich erwählt, also *wird* mich Gott auch führen – bis zum ewigen Leben.[124]

---

[124] Dies hebt, wie wir oben bereits gesehen haben, unsere eigene Verantwortung nicht auf, uns immer wieder für Gottes Wege zu entscheiden.

Tiefer eintauchen – Berufung und Erwählung

Für Jesus folgt die Sicherheit seiner wahren Jünger aus der Tatsache, dass sie letzlich an ihn glauben, *weil der Vater sie ihm gegeben hat* – in der Erwählung:

»Alle, die der Vater mir gibt, werden zu mir kommen und ich werde sie niemals zurückweisen.« (Johannes 6,37; NeÜ)

Mit »zu mir kommen« meint Jesus ganz einfach den echten Glauben an ihn (siehe V. 35). Die, die »der Vater Jesus gibt« sind die Auserwählten. Die Tatsache, dass der Vater sie dem Sohn gegeben hat, ist die Grundlage dafür, dass sie glauben – aber es hört hier nicht auf:

[…] Und [der Vater] will, dass ich keinen von denen verliere, die er mir gegeben hat, sondern sie am letzten Tag von den Toten auferwecke. Denn mein Vater will, dass jeder, der den Sohn sieht und an ihn glaubt, das ewige Leben hat. Und an jenem letzten Tag werde ich ihn von den Toten auferwecken.« (Johannes 6,40)

Die Tatsache, dass unser Glaube *letztlich* ein ewiger Entschluss Gottes ist (und auch unsere Entscheidung!) garantiert, dass wir bis zur Totenauferstehung bewahrt werden im Glauben und von Gottes Berufung nicht abfallen.

Wer noch an dem Sinn der Verse zweifelt, sollte noch weiterlesen:

»Keiner kann zu mir kommen, wenn nicht der Vater, der mich gesandt hat, ihn zu mir zieht. Und alle, die er zu mir bringt, werde ich an jenem letzten Tag von den Toten auferwecken.« (V. 44)

Jesus sagt hier ausdrücklich, dass niemand »zu ihm kommen kann« (an ihn glauben, siehe V. 35) als nur die, welche der Vater zieht. Jesus spricht dann von Gottes wirksamen Berufen (Gott öffnet unser Herz für den Ruf des Evangeliums und »zieht uns«

zu Jesus) und sagt: »[Wen der Vater] zu mir bringt, werde ich an jenem letzten Tag von den Toten auferwecken.«

Alle, die auserwählt und berufen sind, werden von Gott sicher geführt. Sie werden das Ziel, die Totenauferstehung am letzten Tag, garantiert erreichen. Sie werden geführt. Sie sind sicher.

In Johannes 10 gibt sich Jesus als den guten Hirten zu erkennen, der die Seinen treu führt. Sein Führen wird dadurch garantiert, dass der Vater seine Schafe ihm gegeben hat (Johannes 10,29). Die Schafe (wir, die Gläubigen) sind völlig sicher. Sie hören auf seinen Ruf, weil sie seine Stimme kennen. Ganz ähnlich können Schafe die Stimme ihres Hirten aus tausend anderen Stimmen heraus erkennen können (Johannes 10,14.16.26). Erwählung garantiert, dass wir seinem Ruf folgen und bis zum Ende durchgetragen werden: »Niemand wird sie aus meiner Hand rauben« (V. 28, vgl. 1. Petrus 1,5).

Judas, der Bruder von Jesus, schreibt gleich zu Beginn seines Briefes die ermutigenden Worte:

Judas, [...] den *Berufenen*, die in Gott, dem Vater, geliebt und *in Jesus Christus bewahrt sind* ... (Judas 1)

Die Berufenen werden in Jesus Christus bewahrt. Die Berufenen Heiligen können auf Gottes Kraft setzen. Gott garantiert, dass *er uns heiligt* (vgl. Hebräer 2,11) und vor dem Abfall bewahren wird, bis Christus wiederkommt.

Es gibt einen Weg, der in die Hölle führt. Wenn du ihn wählst, wirst du verloren gehen. Deine Entscheidungen werden dein Leben prägen, bis in die Ewigkeit hinein. Aber wenn du in einer liebevollen, vertrauenden Beziehung zu Gott lebst – also heilig lebst –, wird für andere und auch für dich immer offensichtlicher, dass du berufen bist. Das wiederum kann deinen Glauben an den Gott stärken, der dich erwählt hat. Wenn er dich erwählt hat, dann wird er dich vor falschen Wegen fernhalten und auf dem richtigen Weg bewahren, ohne dass du straucheln musst. Deswegen schließt Judas seinen Brief mit folgendem Lob an Gott:

Tiefer eintauchen – Berufung und Erwählung

»Dem aber, der *euch ohne Straucheln zu bewahren und vor seine Herrlichkeit tadellos mit Jubel hinzustellen vermag*, dem alleinigen Gott, unserem Retter durch Jesus Christus, unseren Herrn, sei Herrlichkeit, Majestät, Gewalt und Macht vor aller Zeit und jetzt und in alle Ewigkeiten! Amen.« (Judas 24-25)

Gottes Berufene werden *nie* straucheln, d. h. nie vom Glauben endgültig abfallen. Deswegen werden sie in Offenbarung 17,14 »Berufene und Auserwählte *und Treue*« genannt. Gottes Berufung garantiert ihre Sicherheit. Sie bleiben sogar bis zum Märtyrertod Jesus treu (V. 6)!

Neben Judas, Johannes und Petrus betont auch Paulus, dass unsere Sicherheit garantiert ist, wenn wir auf Gott vertrauen und seinem heiligen Ruf folgen:

»Er selbst aber, der Gott des Friedens, *heilige euch völlig*; und vollständig möge euer Geist und Seele und Leib untadelig *bewahrt* werden bei der Ankunft unseres Herrn Jesus Christus! Treu ist, der euch beruft; *er wird es auch tun*.« (1. Thessalonicher 5,23-24)

Paulus ist sich bewusst, dass die Thessalonicher Gottes Aufruf zu einem heiligen Leben folgen und bewahren müssen, um bei der Ankunft des Herrn Jesus Christus gerettet zu werden (siehe z. B. Kolosser 1,22-23). Aber er ist auch überzeugt, dass Gott derjenige ist, der sie »völlig heiligen« und sie »untadelig bewahren« wird bis zur Wiederkunft Jesu. Er fügt an: »›Treu ist, der euch beruft, er wird es auch tun.« Gottes Treue in seiner Berufung garantiert unsere Sicherheit: Er wird es tun!

Gott ruft dich auf, durch den Glauben an Jesus Christus heilig zu sein. Folgst du seinem Ruf, dann garantiert dir die Bibel, dass deine Zukunft absolut sicher ist. Gott wird dich führen, wie ein Hirte seine Schafe führt. Du sollst verantwortlich entscheiden. Aber du darfst auch entspannt entscheiden. »Das Herz des Menschen plant seinen Weg, aber der HERR lenkt seinen Schritt«

(Sprüche 16,9). »Er leitet mich in Pfaden der Gerechtigkeit um seines Namens willen« (Psalm 23,3).
Heilig zu sein, ist kein Krampf. Wir dürfen entspannt ein Gott gefälliges Leben führen, selbst inmitten aller Leiden, Versuchungen und Kämpfen! Gott kann die Planeten auf ihren Bahnen leiten. Wird er dich dann nicht auch treu führen können?

Gottes Souveränität in unserer Berufung

Wir können uns fragen: »Warum betont die Bibel Gottes Souveränität in der Berufung des Christen?« Wir haben gesehen, dass Gott völlig in Kontrolle ist: Er bewirkt sogar auf sein Rufen hin eine Antwort in uns auf diesen Ruf. Aber warum ist es für Gott so wichtig, dass wir das erkennen?

Erinnere dich an das, was wir in Kapitel 3 (*»Wir müssen Gott kennen«*) gesehen haben: Es ist unsere größte Pflicht und unsere höchste Berufung, Gott zu kennen und ihn für immer zu genießen. Wir sollen *vor* allen anderen Facetten unserer Berufung – sei es Missionieren, Arbeiten, Kindererziehen, Leiden, etc. – *über Gott selbst staunen* und uns an ihm erfreuen.

Vielleicht bist du – wie auch ich – davon ausgegangen, dass es bei diesem Thema »Berufung« sehr viel um dich selbst geht. *Du* bist es ja schließlich, der bzw. die auf Gottes Berufung reagieren muss. Aber die Bibel nimmt uns – ganz unerwartet – auf eine faszinierende Reise, weg von uns selbst, zu dem Berufenden und seinem Tun, seinem Wesen und seinen Eigenschaften.

Gerade dieser letzte Berufungs-Aspekt der Erwählung führt uns direkt zur Majestät und Souveränität Gottes. Wir erfahren in der Art, wie er uns berufen hat, viel über seine Macht und seine souveräne Herrschaft. Diese Kontrolle, Herrschaft bzw. sein Regiment erstreckt sich über alle scheinbaren Zufälle (Sprüche 16,33), und über die Geschehnisse der Geschichte (Psalm 33,10-11; Amos 3,6; Klagelieder 3,37-38), über Naturphänomene und Katastrophen (Hiob 37,6-13; Psalm 29; Markus 4,41) bis hin zu den unbedeutendsten Geschehnissen in der Natur (Matthäus 10,29-30;

Kolosser 1,16-17). Der Allmächtige waltet selbst auch über unser Leben, schenkt und versorgt unseren Glauben und plante den Weg, der vor dir und mir liegt!

Genau das ist das Ziel von Berufung: über Gott ins Nachdenken und ins Staunen zu kommen. Ich glaube, dass Gott deswegen *sich selbst* so stark betont, wenn er uns erklärt, was sein Wille für unser Leben ist.

In unserer Berufung kommt nicht nur seine uneingeschränkte souveräne Herrschaft zum Ausdruck, sondern auch seine Weisheit (Römer 16,25-27) und seine unbegreifliche Barmherzigkeit (Römer 9,15-16) und Liebe (Epheser 1,5). Wenn wir *nur* Gottes Souveränität in unserer Berufung betonen würden, könnte ein falsches Bild von Gott entstehen. Man könnte meinen, Gott sei eine kalte, unbarmherzige Gesetzmäßigkeit, die willkürlich und schicksalshaft über alles bestimmt. Aber Gottes Souveränität ist eng verwoben mit seiner Gnade und Fürsorge. Was Gott tut, das tut er nie willkürlich, sondern er hat immer gute Gründe. Deswegen müssen wir, wenn wir über sein Führen nachdenken, seine unendliche Weisheit im Blick behalten, um ihm unser Vertrauen schenken zu können.

Das Thema Berufung ist also eines von vielen biblischen Fenstern, durch die wir einen Ausblick auf die unvergleichbar herrlichen Eigenschaften des Rufenden bekommen.

Der souveräne Machthaber, der Vertrauenswürdige, der Verlässliche, der liebevolle Vater, der Besitzer aller Weisheit, die Quelle allen Mitleids und aller Barmherzigkeit, welcher zürnt, aber in Christus vergibt, welcher ruft, aber auch bewirkt, welcher fordert, aber auch führt, welcher befiehlt, aber auch befähigt.

Ich weiß nicht, was deine Reaktion sein wird. Aber ich hoffe, du kannst mit mir sagen: *Diesem* Gott möchte ich dienen und seinem Ruf folgen. Ich möchte – durch die erwählende Gnade Gottes – mit diesem Gott den herausfordernden Weg gehen und Berufung leben!

Buchempfehlung

Nigel Beynon & Andrew Sach
Tiefer graben
Werkzeuge, um den Schatz der Bibel zu heben

Paperback, 176 Seiten
ISBN 978-3-945716-49-6
11,90 Euro

»Auf so ein Buch habe ich jahrelang gewartet: ein einfaches und praktisches ›How-to‹-Handbuch für das persönliche Bibelstudium. Anspruchsvolle Werke für Akademiker und Theologen gibt es reichlich, aber gebraucht wird ein Buch, das man dem normalen und jungen Christen an die Hand geben kann, der Hilfe braucht, um die Bibel richtig zu verstehen.

Nigel Beynon und Andrew Stach haben hier hervorragende Arbeit geleistet. In diesem Buch stellen sie 16 grundlegende Werkzeuge des Bibelstudiums vor, mit deren Hilfe wir die Bedeutung der Bibel entdecken können. Dabei schreiben sie in einem lebendigen Stil, der simpel ist, aber nicht simplifiziert, tiefgründig, aber niemals weitschweifig oder langweilig. Dieses Buch wird allen, die es lesen, anwenden und seine Lektionen anderen vermitteln, helfen, das wahre Wort Gottes zu hören und zu verstehen. Nichts braucht die Gemeinde von heute dringender als das.«

Vaughan Roberts,
Autor von »Gottes Plan, kein Zufall«

Buchempfehlung

Kevin DeYoung

Leg einfach los!

Ein befreiender Weg, Gottes Willen zu entdecken

Oder: Wie man Entscheidungen trifft ohne Träume, Visionen, Wollvließ, Eindrücke, offene Türen, zufällige Bibelverse, Lose werfen, Gänsehautmomente, Schriftzüge am Himmel etc.

Paperback, 129 Seiten
ISBN 978-3-945716-25-0
7,90 Euro

Zu oft tun Christen sich schwer, sich für einen Job, einen Partner oder eine Gemeinde oder für überhaupt irgendetwas zu entscheiden. Sie sorgen sich krampfhaft, dass sie nicht Gottes perfekten Willen für ihr Leben gefunden haben. Viele fallen in Passivität und Frustration, weil sie Gottes Willen suchen, aber nicht finden. Dabei hat die Bibel eine klare Lösung für dieses Problem: Gott hat seinen Plan für unser Leben bereits offenbart!

Kevin DeYoung verdeutlicht diese biblische Lösung auf erfrischende und sehr lebensnahe Weise. Besonders für junge Leute – die ja vor den wichtigsten Entscheidungen ihres Lebens stehen – ist dieses Buch eine große Hilfe, um befreit und aktiv zur Ehre Gottes leben zu können.

»In weiten Teil des Christentums grassiert ein falsches Verständnis des Willens Gottes. Die Gemeinde braucht dringend Korrektur von diesen irrigen Vorstellungen. Erfreulicherweise bietet Kevin DeYoung diese Korrektur.«

Albert Mohler,
Präsident des Southern Baptist Theological Seminary

Weitere Bücher vom Betanien Verlag

Tony Reinke
Wie dein Smartphone dich verändert
12 Dinge, die Christen alarmieren sollten
Paperback · 254 Seiten · ISBN 978-3-945716-28-1 · 14,90 Euro
Tony Reinke fordert auf, unser Smartphone-Verhalten zu hinterfragen. Dabei werden Christen motiviert, ihren Lebenssinn als Abbilder Gottes in unserer Kultur zu erfüllen. Sehr herausfordernd, ohne pauschal zu verteufeln.

Jay Adams
Aufgepasst und mitgedacht
Wie man von Predigten am besten profitiert
Paperback · 154 Seiten · ISBN 978-3-945716-14-4 · nur 6,90 Euro
Der »Glaube kommt aus der Predigt« (Römer 10,17), und deshalb hat die Predigt eine zentrale Bedeutung für das Leben als Christ. Und die Bibel sagt mehr über die Verantwortung des Hörers als über die Pflichten des Predigers. Wie können wir bei Predigten besser zuhören, sie verstehen und anwenden?

Jay Adams
Keine Angst vor Theologie!
Eine unterhaltsam-systematische Einführung in Glaubensfragen
Paperback · 206 Seiten · ISBN 978-3-935558-44-0 · nur 6,90 Euro
Verständlich und geistreich erklärt der bekannte Autor grundlegende Themen der biblischen Lehre: das Wesen Gottes und des Menschen, rechtes Bibelverständnis, Sünde und Erlösung, Israel, Endzeitfragen, u.v.m.

Nancy R. Pearcey
Liebe deinen Körper
Sexualität, Gender und Ethik aus Sicht von Medien, Politik und Bibel
Paperback · 434 Seiten · ISBN 978-3-945716-47-2 · 19,90 Euro
Die alte Gnostik erlebt heute eine rasante Weiterentwicklung in der massiven Geringschätzung des Körpers: Abtreibung, Gender-Ideologie, Homosexualität, vermeintliche sexuelle Freiheit ... Brisant, aufrüttelnd und inspirierend.

Thomas Schreiner, Arnel Caneday
Mit Ausharren laufen
Gibt es Heilsgewissheit ohne Heiligung?
Paperback · 350 Seiten · ISBN 978-3-935558-90-7 · nur 7,90 Euro
Die Bibel sagt, dass man ohne Heiligung nicht errettet wird. Wie ist das mit der Sicherheit des Heils zu vereinbaren? Diese gründliche Studie aller relevanter Bibelstellen ermutigt, durch durch die Kraft des Wortes Gottes auszuharren.